Silke Schöps

66 Spielideen Physik

einfach, kreativ, motivierend

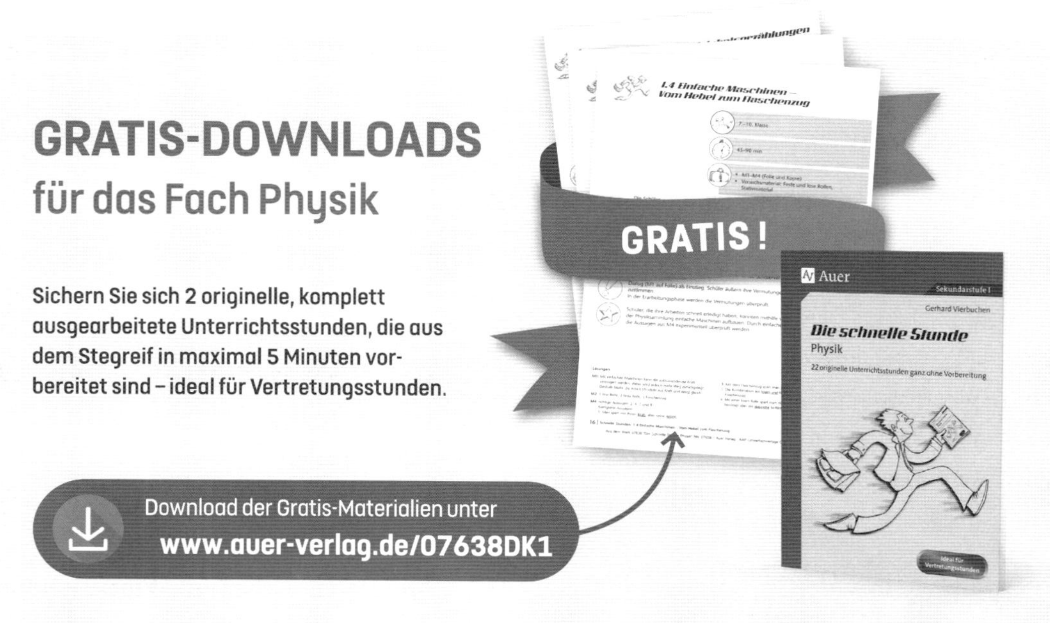

Gedruckt auf umweltbewusst gefertigtem, chlorfrei gebleichtem und alterungsbeständigem Papier.

1. Auflage 2017

Covergestaltung: Daniel Fischer Grafikdesign München
Illustrationen: Corina Beurenmeister, Julia Flasche, Steffen Jähde, Silke Schöps
Satzpunkt Ursula Ewert GmbH, Bayreuth (Beispiele S. 16, 21, 22, 29, 32, 34, 35, 64, 65)
Satz: Satzpunkt Ursula Ewert GmbH, Bayreuth
Druck und Bindung: Kessler Druck & Medien
ISBN 978-3-403-**07972**-9

www.auer-verlag.de

Liebe Kolleginnen und Kollegen,

Lernspiele ermöglichen es, die dem Spiel eigene Motivation dafür zu nutzen, fachliche Lerninhalte mit zu vermitteln.

Damit ein Spiel den gewünschten Lern- bzw. Übungseffekt erreicht, muss es den Schülern[1] so viel Freude bereiten, dass sie es als echtes, vollwertiges Spiel erleben.

Das vorliegende Buch bietet eine Auswahl an Spielideen für den Physikunterricht in allen Schulformen.

An folgenden Symbolen erkennen Sie, für welche Sozialform sich die jeweilige Spielidee besonders eignet:

 = Einzelarbeit

 = Partnerarbeit

 = Gruppenarbeit/ganze Klasse

Für eine leichte Auswahl und schnelle Vorbereitung der Spiele dienen folgende Symbole:

 Ungefährer Zeitbedarf der Methode, der je nach Klassensituation, Thematik etc. stark variieren kann

 Benötigte Materialien

 Vorbereitung

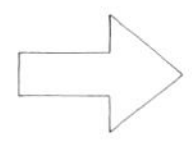 Zielsetzung der Methode

Im Anschluss an die kurze Auflistung nötiger Vorbereitungen, Grundideen und Ziele folgt eine Beschreibung des Spiels, Beispiele zeigen konkrete Anwendungsmöglichkeiten im Physikunterricht.

Viel Erfolg beim Umsetzen der Spielideen in Ihrem Unterricht und begeisterte Schüler wünscht Ihnen

Silke Schöps

---

[1] Aufgrund der besseren Lesbarkeit ist in diesem Buch mit Schüler auch immer Schülerin gemeint, ebenso verhält es sich mit Lehrer und Lehrerin etc.

Abbildungen physikalischer Vorgänge, „physikalisches Spielzeug“, Schuhkarton oder Plastikbox

Bilder zu physikalischen Vorgängen sammeln (in A5-Format ausdrucken, auf Pappe aufkleben oder laminieren) oder/und „physikalisches Spielzeug“, Schuhkarton oder Plastikbox als Schatzkiste gestalten

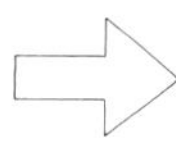

Motivierung, Aktivieren von Wissen, Einführung in das Fach Physik („Physik ist überall“) oder in ein einzelnes Themengebiet

Spielverlauf:
Ein Schüler beginnt und nimmt einen „Schatz“ (Bild oder Spielzeug) aus der Schatzkiste. Er stellt seinen „Schatz“ der Klasse vor, indem er beschreibt, welcher physikalische Vorgang (bei Bildern) oder welches physikalische Gesetz (bei Spielsachen) diesem „Schatz“ zuzuordnen ist, welchem Teilgebiet der Physik sein „Schatz“ angehört und wo man diesem im Alltag begegnen kann.

Hinweis: Die Beschreibungskriterien sollten an der Tafel fixiert sein.

Beispiele:

Abbildungen:
Regenbogen, Blitze, Wippe, Schaukel, Serpentinen, Bäume im Wind, eingedrückte Polstermöbel, Atommodell, optische Täuschungen, Drachen im Wind, Glühlampe, Schaltkreis

physikalisches Spielzeug:
Kaleidoskop, Luftkanone, Holzrassel, Levitron, Kugelspiel (Impulskette), Kreisel, Möbiusband, Pinscreen, Nagelspiel, Plasmalampe

Geschichte „Eine lautlose Welt“ , Bilder

Geschichte vorbereiten (selbst schreiben oder z. B. aus dem Buch „Was ist was – Akustik“ auswählen), geeignete Bilder auf Folie kopieren, ggf. für Flipchart vergrößern

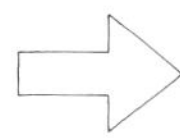

Motivierung, Einführung in ein Themengebiet, Aktivierung von Wissen

Spielverlauf:
Zuerst werden die Bilder (als stummer Impuls) eingeblendet, die Schüler nehmen dazu Stellung. Danach wird vom Lehrer die Geschichte vorgelesen, um die Schüler auf eine „Gedankenreise“ zu schicken und in eine lautlose Welt zu versetzen.

Beispiele:

Eine lautlose Welt

Schall umgibt uns Tag und Nacht. Wir verständigen uns über Töne und Klänge. Wir nehmen unzählige Geräusche in unserer Umwelt wahr.
Ich bin mit meinem Freund verabredet. Es klingelt an der Tür. Ich kann es nicht hören. Ich räume gerade den Geschirrspüler leer. Kein Klappern von Besteck und Geschirr ist zu hören. Mir fällt ein Teller zu Boden und zerbricht. Nichts ist zu hören, gerade so, als ob der Teller auf ein dickes Wattepolster fiele. Mein Freund fragt, ob wir uns noch einen Milchshake zubereiten wollen. Ich kann ihn nicht verstehen, er klopft mir auf die Schulter. Er erzählt mir die neuesten Storys seiner Schüler, als ob er stumm wäre – ich höre nichts. Wir gehen in den Park. Plötzlich hupt ein Auto.

1.3 Stromleitend oder nicht?

15 Min.

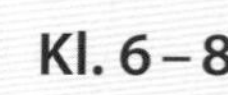

Kl. 6 – 8

A3-Papier (in Gruppenanzahl), Klebepunkte in drei verschiedenen Farben

Plakat mit einer Tabelle verschiedener Stoffe, Materialien und Gegenstände vorbereiten, in A3-Format ausdrucken

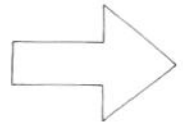

Aktivierung von Wissen, Motivierung, Vorüberlegungen zur Planung eines Experimentes

Spielverlauf:
Jede Gruppe erhält ein Plakat und Klebepunkte in drei Farben. Gemeinsam entscheiden die Schüler der Gruppe über die elektrische Leitfähigkeit der vorgegeben Stoffe und Körper und ordnen entsprechend ihrer Meinung die Klebepunkte an. Ist die Gruppe fertig, schneidet sie die drei „Antwort-Punktstreifen“ ab, um diese am Klassenplakat anzuheften oder aufzukleben. Wenn alle Gruppen ihre Ergebnisstreifen am Klassenplakat fixiert haben, können die Ergebnisse verglichen werden. Unterschiedlich angeordnete Klebepunkte bieten Anlass zur Diskussion. Anschließend wird die Leitfähigkeit experimentell überprüft.

Beispiel:

Stoff / Gegenstand	Leitet den Strom	Leitet den Strom nicht	Kann nicht zugeordnet werden
Holz		○	
Wasser			◍
Kork		○	
Kupfer	●		
Eisen	●		
Mensch	●		
Aluminium	●		
Blumenerde			◍ (trocken oder nass)
Leitungswasser	●		
Radiergummi		○	
Reißverschluss			◍ (Plastik oder Metall)
Büroklammer			◍ (Plastik oder Metall)
Bleistiftmine	●		
Stahllineal	●		
Einkaufstüte		○	
2-Euro-Münze	●		
Gabel			◍ (Plastik oder Metall)

1.4 Auf der Baustelle

10 Min.

Kl. 7 – 9

Bild, Lückentext, Begriffskarten, Klebestreifen

Arbeitsblatt mit Lückentext vorbereiten (Thema als Lücke lassen), Begriffskarten zum Anheften gestalten, Bild in A3-Format ausdrucken und ggf. laminieren

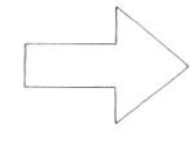

Aktivierung von Wissen, Motivierung, Interesse wecken für neue Wissensinhalte

Spielverlauf:
Zu Beginn wird das Bild einer Baustelle gezeigt (als stiller Impuls). Dem Bild entsprechend werden „Begriffskarten" geschrieben. Diese werden gut gemischt. Jeweils ein Schüler (freiwillig) zieht eine Karte und heftet sie an der entsprechenden Stelle im Bild an – zur Fragestellung: Welche „Einrichtungen" erleichtern das „schwere" Arbeiten, also das Heben oder den Transport schwerer Lasten?
Nachdem alle Karten richtig angeheftet sind, erhält jeder Schüler das Arbeitsblatt mit dem Lückentext und bearbeitet diesen.
Die „letzte Lücke" wird nach dem Vergleichen des Lückentextes gemeinsam gefunden – das Thema der anstehenden Unterrichtreihe.

Beispiel:
Mögliche Begriffskarten: Rampe, Förderband, Umlenkrolle, lose Rolle, feste Rolle, schräge Ebene, Rampe, Schubkarren, Hebel

 Menükarte

 Menükarte schreiben (ggf. über kostenfreie Vorlage, z. B. über „druckselbst.de"), als Klassensatz kopieren

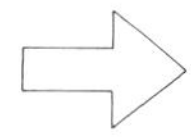 Motivierung und Aktivierung von Wissen, Einführung in das Themengebiet Akustik, Reflexion von Vorwissen

Spielverlauf:
Jeder Schüler erhält eine „Klangvolle Menükarte" und unterstreicht oder markiert die ihm auffallenden und bekannten Begriffe der Akustik. Im Anschluss werden die Begriffe zusammengetragen und soweit wie möglich bereits erklärt.

Beispiel:
Akustikbegriffe: Ton, Klang, Geräusch, Akustik, Frequenz, Hertz, Dezibel, Bass, Oktave, Lärm, Lärmschutz, Schall, Schallpegel, Schallwelle Lautstärke, Dämpfung, Hörschwelle, Membran.

Menükarte

klangvolles Menü

1.
Dezibel-Lauchcremesuppe

2.
Ziegenkäseton mit Serranoschinkenschall
Akustikantipasti

3.
Schweinefilet auf Frequenzpfefferrahm
Lammragouthertz und dazu
Lärmschutzkroketten oder Resonanzfritten
schwingungsvolles Schallpegelgemüse der Saison

4.
Bassschokoladen-Panna Cotta
Echoobstsalat in der Klangschale

Geräuschvollen Bon appétit!

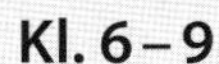

Plakate, Aufgabenkarten

Klassenplakat vorbereiten

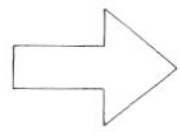

Sichern und Üben von Wissensinhalten, Aktivierung von Wissen, Recherchieren von Wissensinhalten, Präsentieren von Arbeitsergebnissen

Spielverlauf:
Ein Klassenplakat bildet den Angangspunkt: Dieses Plakat enthält (möglichst mittig) ein Bild zum Projektthema, z. B. das Bild eines Magneten. Kleingruppen von jeweils vier Schülern finden jeweils ein Unterthema, welches am Plakat eingetragen wird, wie bei einer Mindmap.

In der folgenden Gruppenarbeitsphase erstellen die Schüler jeweils ein Lernplakat und 3 bis 5 Aufgabenkarten zum Inhalt ihres Lernplakates. Die Plakate werden großzügig im Raum und eventuell auf dem angrenzenden Flur ausgehängt.

Bei dem folgenden „Gallery walk" bleiben je zwei Schüler einer Kleingruppe beim Plakat, um die vorbereiteten Aufgaben zu stellen und Nachfragen zu beantworten. Alle anderen „besuchen" die Gallery in einem Rundgang. Nach einer vorher vereinbarten Zeit wird gewechselt.

Hinweis: In Vorbereitung sollten Regeln für die Gestaltung der Lernplakate vereinbart werden (Größe von Abbildungen, Gliederung etc.). Für den „Gallery walk" sollten möglichst vorab Verhaltensregeln vereinbart werden.

Beispiele:
Physik am Auto;
Astrophysik;
Magnetismus;
Rund um die großen Erfindungen;
Beim Sport – höher, weiter, schneller;
Das Leben und die Maschinen des Leonardo da Vinci;
Zum Meer – Schwimmen und Tauchen

Rätselaufgaben, Lösungsblatt

Rätselaufgaben als Arbeitsblatt oder Flipchart vorbereiten

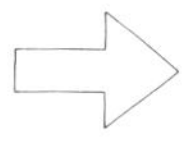

Aktivierung von Vorwissen, Wissensinhalte recherchieren, Kreativität

Spielverlauf:

Variante 1:

Entsprechend der Anzahl gesuchter Begriffe werden Rätselaufgaben gestellt. Zu jeder Aufgabe wird angegeben, welche Buchstaben für das Lösungswort benötigt werden. (Beispiel: SOLAR)

Variante 2:

Zu einem vorgegebenem „Oberbegriff" sollen die Kleingruppen so viele Begriffe wie möglich finden, die mit diesem Oberbegriff anfangen. (Beispiel: LICHT)

Beispiele:

1. Aus Sonnenenergie erzeugter Strom (1, 4)
2. System zur Umwandlung von Sonnenenergie (2)
3. Alternative Energieform (2, 7)

   ...

1	SOLAR	**S**tr**o**m
2	SOLAR	A**n**lage
3	SOLAR	E**n**ergi**e**
4	SOLAR	Ofe**n**
5	SOLAR	Techni**k**
6	SOLAR	Aut**o**
7	SOLAR	Ze**lle**
8	SOLAR	**K**raf**t**werk
9	SOLAR	M**o**dul
10	SOLAR	Rechne**r**

1	LICHT	Strahl
2	LICHT	Hupe
3	LICHT	Bündel
4	LICHT	Kegel
5	LICHT	Schwert
6	LICHT	Geschwindigkeit
7	LICHT	Blick

Lösungswort:

Sonnenkollektor

Materialien zum Geräusche-Erzeugen und „Geräusche-Karten", Blanko-Postkarten

„Geräusche-Karten" vorbereiten (z.B. auf Postkarten Informationen zur Erzeugung von Geräuschen notieren)

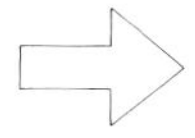

Motivierung, Trainieren der Wahrnehmung mit allen Sinnen, Schärfen der Beobachtungsgabe

Spielverlauf:
Sechs bis acht Schüler einer Klasse sind „Geräusche-Erzeuger". Jeder dieser Schüler erhält eine „Geräusche-Karte" und sucht sich (zunächst gedanklich) eine Position im Raum. Die anderen Schüler markieren auf einer Blanko-Postkarte (möglichst mittig) einen Punkt, der die eigene Position darstellen soll.
Nachdem diese Schüler ihre Augen geschlossen haben, gehen die „Geräusche-Erzeuger" an ihre vorgestellte Position. Der Lehrer gibt ein Kommando für das Erzeugen der Geräusche – die anderen Schüler lauschen mit geschlossenen Augen. Die Geräusche können einzeln nacheinander oder auch gleichzeitig erzeugt werden. Wahrgenommene Geräusche notieren die Lauschenden auf der Postkarte zunächst mit einem weiteren Punkt. Wenn die „Geräusche-Macher" wieder an ihrem vorherigen Platz sind, werden die Karten mit geöffneten Augen mit Geräusche-Art und Richtungspfeil vervollständigt.

Hinweis: Bei zwei Spielrunden erhalten auch die Geräusche-Macher die Chance zum Gestalten einer Geräusche-Landkarte.

Beispiele:
Geräusche erzeugen: Packpapier zerknüllen, Anschlagen eines Stuhlbeines, in die Hände klatschen, Stimmgabel auf Resonanzkasten anschlagen, Wecker klingeln lassen, mit einem Buch auf den Tisch schlagen, Handy-Klingeln

Kurzgeschichte als Kopie für jeden Schüler

Kurzgeschichte mit fehlerhaft zugeordneten Maßangaben schreiben

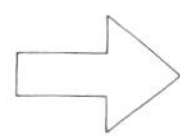
Aktivierung und Wiederholung von Wissen, Sichern von Wissen

Spielverlauf:
Variante 1:
Jeder Schüler erhält eine Textvorlage. Er unterstreicht bzw. markiert im Text die fehlerhaften Zuordnungen von messbarer Größe und dazugehöriger Einheit. Über ein Plenum können Lösungen anschließend diskutiert und korrigiert werden.

Variante 2:
Wie Variante 1, die Richtigstellung erfolgt aber hier in Einzelarbeit, Lösungen werden von jedem Schüler mithilfe einer Tabelle (2 Spalten: fehlerhafte Textstelle/ Richtigstellung) schriftlich festgehalten.

Beispiele:
beim Einkaufen; in der Küche, beim Kochen und Backen, Freunde treffen sich und unterhalten sich über ihre letzte Urlaubsreise; beim Sport

„Verflixt"
Am Freitag kommen Freunde. Wir wollen zusammen kochen. Im Internet habe ich dafür ein wunderbares Rezept (Lachs-Garnelen-Spinat-Lasagne) gefunden. Folgende Zutaten muss ich besorgen: 2 Packungen Blattspinat, 200 Meter Garnelen, 800 Liter Lachs, 8 Grad Celsius Knoblauchzehen, 4 Euro Zwiebeln, 18 Quadratmeter Lasagne Platten, 600 Newton Bechamelsauce, 300 Stunden Käse zum Überbacken. Das spannendste an dem Kochabend ist das finanzielle Limit von 30 Kilometern pro Stunde. Ob ich wohl damit hinkomme?
Meine Freunde werden um 18.00 Kilo da sein.

2.2 Schärfe deine Beobachtungsgabe

20 Min. **Kl. 5 – 7**

Arbeitsblatt und dazugehöriges Bildmaterial

Arbeitsblatt mit entsprechenden Bildern vorbereiten oder die Bilder einblenden bzw. zeigen (OHP, Beamer, Flipchart)

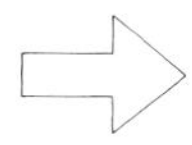

Aktivierung von Wissen, Erkennen physikalischer Gesetzmäßigkeiten, Schärfen der Beobachtungsgabe

Spielverlauf:
Die Schüler erhalten folgenden Auftrag: *„In der Natur folgen die Dinge physikalischen Gesetzmäßigkeiten. Auf den Abbildungen haben sich Fehler eingeschlichen. Sieh dir die Bilder ganz genau an und schreibe jeweils darunter, was nicht stimmt."*
Im anschließenden Gespräch wird erläutert, welches physikalische Gesetz jeweils zugrunde liegt.

Beispiele:

 Im Spiegel müsste man die 6 sehen.	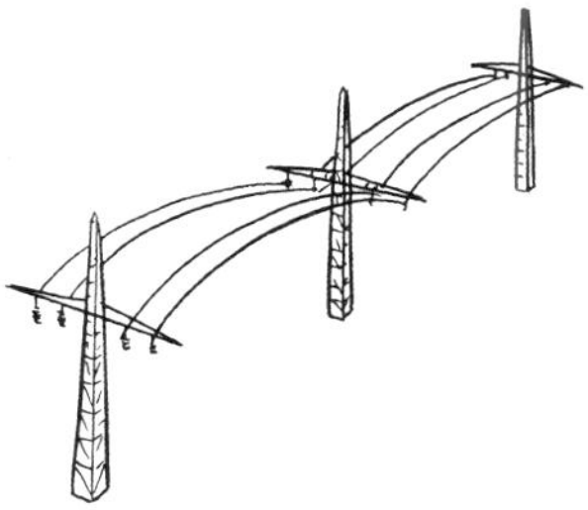 Die Drähte müssen durchhängen.	 Der Drache muss sich in Richtung Wolke bewegen.
 Die schwere Seite müsste tiefer hängen.	 Die Wasserfläche müsste sich zur Tischplatte parallel ausrichten.	 Die Lampe kann nicht leuchten.

2.3 Puzzle

A4-Tonkarton, Klarsichtfolien oder Briefumschläge zum Aufbewahren, Bildmaterial, Aufgabenkarten

Bildmaterial von elektrischen Geräten und verschiedene Schaltkreisen, entsprechend der Anzahl der Puzzle, im A5-Format ausdrucken, Aufgabenkarten entsprechend der Schaltungen herstellen;
Puzzle so vorbereiten, dass auf der Vorderseite das Bild des elektrischen Gerätes zu sehen ist und auf der Rückseite der Schaltkreis. Der Schaltkreis sollte nur abgebildet, aber nicht benannt sein.

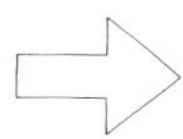

Motivierung und Aktivierung von Wissen, Wiedergabe von Gesetzmäßigkeiten, Erkennen und Anwenden von Schaltsymbolen

Spielverlauf:
Gepuzzelt wird auf dem Tonkarton, um nach Fertigstellung das Ganze umdrehen zu können (dabei z.B. die Physikmappe darüberlegen und mit der flachen Hand gut gegendrücken). Haben die Schüler ihr Puzzle fertiggestellt und erkannt, um welche Schaltung es sich handelt, holen sie beim Lehrer die entsprechende Aufgabenkarte und bearbeiten diese.

Beispiele:
Bildmaterial: verschiedene elektrische Geräte, Glühlampe, Fön, Elektromotor, Bohrmaschine, Mixer, Zahnbürste, Lichterkette
Schaltkreise: Reihenschaltung mit mehreren Verbrauchern, Parallelschaltung mit mehreren Verbrauchern, Wechselschaltung, Blinkschaltung, Und- und Oder- Schaltung, Ampelschaltung

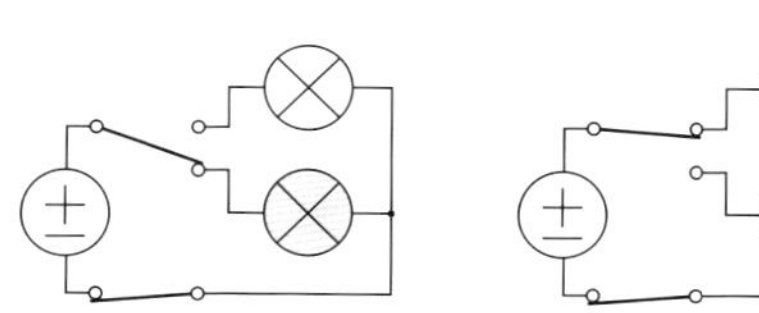

1. Wie heißt diese Schaltung?
2. Wie funktioniert diese Schaltung?
3. Nenne mindestens drei Anwendungsbeispiele.

Zeitungsartikel/Internetrecherchen, Pappe, alte Fernbedienung

Rahmen eines Fernsehers basteln (ein Schüler sollte dahinter Platz haben)

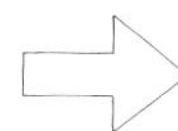
Motivierung und Aktivierung von Wissen, Recherchieren

Spielverlauf:
Als vorbereitende Hausaufgabe führen die Schüler Recherchen zu Unfällen mit elektrischem Strom durch und sammeln Zeitungs- oder Internetartikel.
Unter dem Thema „News" spielen die Schüler eine Nachrichten-Sondersendung und lesen als Nachrichtensprecher ihren mitgebrachten Artikel vor. Ein Schüler sollte den Moderator spielen und die Überleitung zwischen den einzelnen Artikeln sprechen, sodass die für den Sprecherwechsel benötigte Zeit überbrückt wird.

Beispiel:

Lebensgefahr nach Stromschlag!

Am Güterbahnhof in Neuss ist ein 9-jähriger Junge auf einen Güterwaggon geklettert. Dabei erlitt er einen Stromschlag und wurde mit schwersten Verbrennungen in eine Spezialklinik gebracht. Laut dpa-Meldung bestand am folgenden Tag noch Lebensgefahr.
„Die Polizeisprecherin warnte davor, Hochspannungsleitungen zu nahe zu kommen. Schon ab 1,50 Meter Entfernung könne Strom überspringen. Eltern sollten darüber mit ihren Kindern sprechen."
Bereits kurz zuvor hat sich in Dortmund ein ähnlicher Unfall ereignet – einen 15-Jährigen traf bei einer nächtlichen Tour in einem Bahngelände in der Nähe eines Stromleitungsmastes ein Lichtbogen, woraufhin er ins Gleisbett stürzte. Auch er kam mit schwersten Verletzungen ins Krankenhaus.

(dpa) Quelle: http://www.express.de/duesseldorf/neuss-junge--9--faellt-nach-stromschlag-brennend-von-gueterwaggon---lebensgefahr--26298002, abgerufen am 03.04.17

2.5 Labyrinth

10 Min.

Kl. 5 – 7

Labyrinth (als Zuordnung) bzw. „Irrgarten“

Labyrinth als Arbeitsblatt oder Flipchart vorbereiten (einfach mit einer dreispaltigen Tabelle herzustellen: In der rechte Spalte stehen die Fakten, in der linken Spalte werden ungeordnet die entsprechenden Bilder oder Begriffe eingefügt. In den mittleren Teil wird anschließend ein verschlungenes Wegesystem mit entsprechenden Zuordnungen eingezeichnet, das Ganze ggf. ausschneiden)

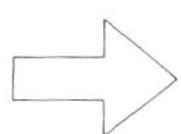

Aktivierung von Wissen, Motivierung, Herstellen von Alltagsbezügen

Spielverlauf:
Die Schüler ordnen die Fakten den Bildern bzw. Begriffen zu, mithilfe des Labyrinthes prüfen sie ihre Zuordnung.

Beispiele:
elektrische Stromstärken, Kräfte, Leistungen, Geschwindigkeiten, Beschleunigungen in Natur und Technik

elektrische Spannungen in Natur und Technik

Bild/Begriff	**Fakt**
Zitteraal	bis 800 V
Fahrradlampe	6 V
Taschenrechner	6 V
E-Lok	15 kV
Blitz	bis 10 000 kV

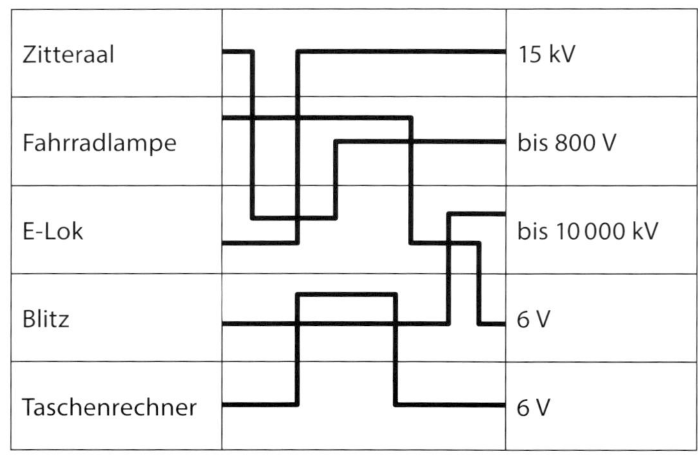

2.6 Wer bin ich? / Was habe ich erfunden oder entdeckt?

Post it®

Post it® mit Namen von berühmten Physikern oder einer bekannten Erfindung oder Entdeckung beschriften

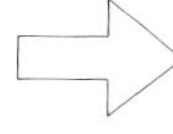

Motivierung, Aktivierung von Wissen, Recherchieren

Spielverlauf:
Als vorbereitende Hausaufgabe werden Recherchen zu zwei bis drei berühmten Physikern und/oder zwei bis drei bekannten Entdeckungen/Erfindungen durchgeführt, Notizen sind erlaubt.

So wird gespielt: Jedes Gruppenmitglied notiert den Namen eines Physikers oder einer Entdeckung/Erfindung auf ein Post it®, die anderen Gruppenmitglieder sollten die Notiz nicht sehen. Entgegen dem Uhrzeigersinn wird das beschriftete Post it® nun dem jeweils nächsten Sitznachbarn auf die Stirn geklebt.
Mit gezielten Fragen, wie z. B.: „Bin ich männlich?", „Kennt man mich aus dem Bereich der Atomphysik?", „Bin ich in Deutschland geboren?" …,
muss nun herausgefunden werden, wer oder was „man ist".
Am Anfang der Fragerunde sollte für jeden geklärt sein, ob man eine Person oder eine Entdeckung darstellt. Wird eine Frage mit „Nein" beantwortet, ist der nächste in der Runde dran. Wenn einer oder zwei Schüler bereits erraten haben, wer bzw. was sie sind, sollte das Spiel beendet werden.

Beispiele:
Berühmte Physiker: Nikolaus Kopernikus, Galileo Galilei, Johannes Kepler, Blaise Pascal, Isaac Newton, Daniel Bernoulli, Leonard Euler, Alessandro Volt, André-Marie Ampère, Michael Faraday, James Prescott Joule, Gustav Robert Kirchhoff, Heinrich Hertz, Wilhelm Conrad Röntgen, Max Planck, Marie Curie, Ernest Rutherford, Nils Bohr, Erwin Schrödinger, Otto Hahn, Lise Meitner

Bekannte Entdeckungen/Erfindungen: Erdmagnetismus, elektromagnetische Wellen, Röntgenstrahlung, Radioaktivität, Elektronen, Neutronen, Quarks, Kernspaltung, Glühlampe, Atommodell, Radar, Supernova, Kompass, Flaschenzug, Thermometer, Fernrohr, Regenschirm, Luftpumpe, Dampfmaschine

Steckbriefe

Steckbriefe zu berühmten Physikern gestalten (z. B. über „druckselbst.de“) und ausdrucken

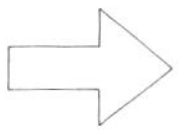
Motivierung, Aktivierung von Wissen, Interessen wecken

Spielverlauf:
Vom Lehrer wird zunächst ein „Wanted“ (Steckbrief) vorgelesen, ohne das Bild der entsprechenden Person zu zeigen. Die Schüler haben nach jeder einzelnen Information die Gelegenheit, ihre Vermutung zu äußern, welche Berühmtheit gesucht wird. Kann von den Schülern anhand der gegebenen Informationen noch nicht erraten bzw. erkannt werden, welche Person gesucht ist, zeigt der Lehrer den Steckbrief mit Bild.

Beispiele:
Berühmte Physiker und Erfinder, welche im Unterricht (in den einzelnen Themengebieten) auftauchen oder auch durch „Straßennamen“ bekannt sind: Nikolaus Kopernikus, Galileo Galilei, Johannes Kepler, Blaise Pascal, Isaac Newton, Daniel Bernoulli, Leonard Euler, Alessandro Volt, André-Marie Ampère, Michael Faraday, James Prescott Joule, Heinrich Hertz, Wilhelm Conrad Röntgen, Max Planck, Marie Curie, Ernest Rutherford, Nils Bohr, Erwin Schrödinger, Otto Hahn, Lise Meitner

WANTED

US-amerikanischer Erfinder und Unternehmer mit dem Schwerpunkt auf dem Gebiet der Elektrizität und Elektrotechnik (Glühlampe).

Geboren: 11. Februar 1847, Milan, Ohio, Vereinigte Staaten
Gestorben: 18. Oktober 1931, West Orange, New Jersey, Vereinigte Staaten

WANTED

Theoretischer Physiker. Seine Forschungen zur Struktur von Materie, Raum und Zeit sowie zum Wesen der Gravitation veränderten maßgeblich das physikalische Weltbild.

Geboren: 14. März 1879, Ulm, Deutschland
Gestorben: 18. April 1955, Princeton, New Jersey, Vereinigte Staaten

2.8 Geräusche im Ohr

10 Min.

Kl. 5 – 6

12 gleiche, undurchsichtige, verschließbare Plastikbecher (z. B. Kaffee „to go“, Joghurtbecher), Füllmaterial, schwarzer Stift (permanent), Blanko-Postkarten, Stift zum Notieren, Karten bzw. Zettel

je zwei Becher mit dem gleichen Material (und gleicher Menge) füllen, verschließen und nummerieren (nicht fortlaufend)

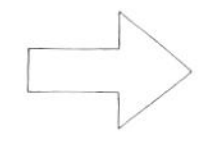

Motivierung, Aktivierung von Wissen, Erkennungsübung, Beobachten mit allen Sinnen

Spielverlauf:
Die Geräusch-Becher werden auf einem gesonderten Tisch im Raum aufgereiht. Zusätzlich werden die Blanko-Postkarten und ein Stift bereitgelegt.

Kleingruppen von drei bis vier Schülern gehen jeweils zum Tisch und finden heraus, welche Becher das gleiche Geräusch beim Schütteln erzeugen. Ist sich die Gruppe einig, werden die Nummernpaare auf einer Karte bzw. einem Zettel notiert. Bevor die Gruppe den Tisch verlässt, muss sie die Becher für die nächste Gruppe wieder wie anfänglich (unsortiert) aufreihen.

Hinweis: Die anderen Schüler sollten währenddessen selbständig Aufgaben lösen, z. B. Geräusche nach unterschiedlichen Eigenschaften auflisten: angenehme vs. „nervende“ Geräusche, Geräusche in der Natur, im Alltag usw.

Beispiele:

Becher	Füllmaterial	Becher	Füllmaterial
1 10	Reiskörner, halbvoll	4 7	Tischtennisball
2 9	3 – 5 Glasmurmeln	5 12	Salz, ein Viertel voll
3 8	20 – 30 kleine Nägel	6 11	Spirelli, drei Viertel voll

12 gleiche, undurchsichtige, verschließbare Plastikbecher (Kaffee „to go“, Joghurtbecher), Duftstoffe, Wattepads oder geruchlose, trockene Brillenputztücher, schwarzer Stift (permanent), Blanko-Postkarten, Stift

je zwei Becher mit dem gleichen Duftstoff befüllen, verschließen und nummerieren (nicht fortlaufend)

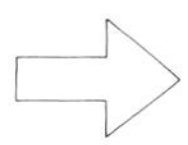

Motivierung, Aktivierung von Wissen, Erkennungsübung, Beobachten mit allen Sinnen

Spielverlauf:
Die Duftstoff-Becher werden auf einem gesonderten Tisch im Raum aufgereiht. Zusätzlich werden die Blanko-Postkarten und ein Stift bereitgelegt.

Kleingruppen von drei bis vier Schülern gehen jeweils zum Tisch und finden heraus, welche Becher den gleichen Duftstoff enthalten. Dazu wird der Becher ggf. leicht geöffnet und der Duft wird sich zugefächelt. Ist sich die Gruppe einig, werden die Nummernpaare auf einer Postkarte notiert. Bevor die Gruppe den Tisch verlässt, muss sie die Becher für die nächste Gruppe wieder wie anfänglich (unsortiert) aufreihen.

Hinweis: Die währenddessen an ihrem Arbeitsplatz verbleibenden Schüler lösen selbstständig vorab gestellte Aufgaben.

Beispiele:

1 5	Wattepad, mit Essig getränkt	2 4	Gurkenscheiben
3 7	Wattepad mit Duschgel (Kokos oder Vanille)	6 8	Kaffeepulver
9 11	halbe Zitrone oder Zitronenstückchen	10 12	Buttersäure (aus der Chemie)

Hinweis: Achtung! Keine allergenen Duftstoffe verwenden.

Softball, „Karten“ mit Bewegungsarten

auf je ein A4-Blatt (Tonkarton oder starkes Papier) wird eine Bewegungsart gedruckt

Wiederholen und Sichern von Wissen, Erkennen physikalischer Gesetze bei Alltagsbeispielen

Spielverlauf:
Runde 1: Der Lehrer spielt den Ball einem Schüler zu. Dieser nennt nach dem Fangen eine Bewegungsart. Anschließend wirft er den Ball einem Schüler, den er vorher namentlich aufgerufen hat, zu. Sind alle Bewegungsarten genannt, werden die vorbereiteten Bewegungskarten an der Tafel oder einer Pinnwand im Raum aufgehängt.

Runde 2: Hier wird wie in Runde 1 gespielt, der Lehrer nennt aber Beispiele sich bewegender Körper, welche die Schüler der entsprechenden Bewegungsart zuordnen.

Beispiele:
Bewegungsart (Bahn): geradlinige Bewegung, Kreisbewegung, Schwingung

Bewegungsart (Geschwindigkeit): gleichförmige Bewegung, beschleunigte Bewegung, verzögerte Bewegung

Beispiel	**zu erwartende Antwort**
Koffer auf einem Transportband (Flughafen)	geradlinige Bewegung gleichförmige Bewegung
Anfahren eines Autos an der Ampel	geradlinige Bewegung beschleunigte Bewegung
Apfel fällt vom Baum	geradlinige Bewegung beschleunigte Bewegung
Mit dem Fahrrad um die Kurve fahren	verzögerte Bewegung (eventuell Kreisbewegung)
Uhrpendel	gleichförmige Bewegung Schwingung
Minutenzeiger einer Uhr	Kreisbewegung gleichförmige Bewegung

Puzzle, Briefumschlag für die Puzzleteile

Puzzleteile ausdrucken, laminieren und zerschneiden

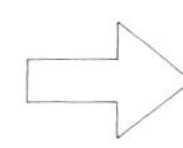

Sichern von Wissen, Veranschaulichen von Zusammenhängen bei der Aggregatzustandsänderung von Wasser

Spielverlauf:
Je zwei Schüler erhalten ein Puzzle. Sie legen den vollständigen „Kreislauf" der Aggregatzustands-Änderung mit den entsprechenden Bedingungen „Wärmezufuhr" und „Wärmeentzug". Nach Überprüfung und ggf. Korrektur übertragen sie die Darstellung in ihr Heft.

Hinweis: möglichst einen vergrößerten Puzzlesatz zum Vergleichen anfertigen

Beispiele:

Wärme-zufuhr	Wärme-zufuhr	Wärme-entzug	Wärme-entzug
Wasser-dampf	fest	flüssig	gas-förmig
Wasser	Eis	schmelzen	verdamp-fen
konden-sieren	gefrieren	verduns-ten	

Hinweis: Wenn alle Puzzleteile verwendet werden, entsteht ein doppelter Kreislauf (Ring).

 ggf. Physikbuch, Physikmappe mit eigenen Aufzeichnungen

 keine

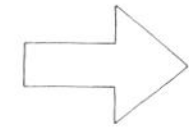 Wiederholen und Sichern von Wissensinhalten am Ende einer Themenreihe

Spielverlauf:
Gearbeitet wird in drei Phasen.

Phase 1: Jeder Schüler hat in Einzelarbeit ca. 10 Minuten Zeit, um sich 5 bis 10 „Interviewfragen" bzw. Aufgaben zu notieren.

Phase 2: Beginn der Partnerarbeit. Ein Schüler beginnt und interviewt seinen Sitznachbarn: Er stellt ihm die notierten Fragen und macht sich Notizen zu den Antworten.

Phase 3: Rollentausch in der Partnerarbeit. Der Schüler, der zuerst die Fragen gestellt hat, beantwortet jetzt die Fragen seines Partners.

Beispiele:
Mögliche Interviewfragen am Beispiel von …

… Physik – eine Naturwissenschaft?	**… Radioaktive Strahlung**
1. Warum wird die Physik als Naturwissenschaft bezeichnet?	1. Wie heißt ein Vorgang, bei dem radioaktive Strahlung entsteht?
2. Nenne vier weitere Naturwissenschaften.	2. Welche Arten der radioaktiven Strahlung gibt es?
3. Nenne die wichtigsten Tätigkeiten beim Experimentieren.	3. Was sind Alphateilchen und wie entstehen sie?
4. Nenne drei Teilgebiete der Physik.	4. Was sind Betateilchen und wie entstehen sie?
5. In welcher Naturwissenschaft untersucht man Pflanzenarten?	5. Nenne drei Eigenschaften der radioaktiven Strahlung.

Formelsammlung, Arbeitsblatt, Karteikarten oder Flipchart für Activ Board

Karteikarten (oder Flipchart) mit mindestens zwei, maximal drei Hinweisen zu unterschiedlichen Materialien vorbereiten

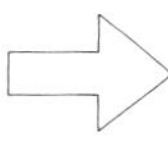
Wiederholen und Aktivieren von Wissen, Arbeiten mit der Formelsammlung

Spielverlauf:

Variante 1:

Entweder 30 Karteikarten oder zwei Sätze mit je 15 Karteikarten anfertigen (zum besseren Vergleichen: Karten möglichst durchnummerieren).

Jedem Schüler wird verdeckt eine Karteikarte hingelegt. Auf Kommando drehen alle ihre Karteikarte um und finden mithilfe der Formelsammlung den gesuchten Stoff. In ihrem Physikheft notieren sie die Kartennummer und den gefundenen Stoff. Dann geben sie ihre Karteikarte im Uhrzeigersinn an den Sitznachbarn weiter. Der Lehrer entscheidet, wie oft eine Karteikarte weitergegeben wird, ob also 10, 15 oder 30 Stoffe gesucht werden.

Variante 2:

Die Karteikarten werden als Seiten einer Flipchart vorbereitet. Nacheinander wird je eine „Karteikarte" eingeblendet und alle Schüler finden gleichzeitig den gesuchten Stoff. Derjenige, der zuerst das richtige Ergebnis nennen kann, sollte auch ansagen, wo er in der Formelsammlung fündig wurde.

Beispiele:

1. Wer bin ich?

Ich werde von Magneten angezogen, meine Schmelztemperatur beträgt 1 455 °C.

2. Wer bin ich?

Ich bin einer der Stoffe, aus denen Luft besteht, ich siede bei –195,8 °C.

Arbeitsblatt als Kopie für jeden Schüler

Arbeitsblatt vorbereiten

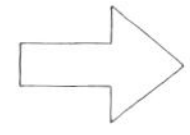
Wiederholen und Üben von gelernten Wissensinhalten, Sichern von Wissen, Anwenden von gelernten Zusammenhängen

Spielverlauf:
Variante 1:
Es wird ein Buchstabenrätsel zur Umrechnung von Massen in die entsprechende Gewichtskraft vorbereitet. Dabei werden jeweils drei Lösungen vorgegeben, von denen eine richtig ist. Hinter den Lösungen werden Lösungsbuchstaben genannt, sodass sich bei vollständiger, richtiger Lösung ein Lösungswort ergibt (zum Beispiel der Name eines Physikers).

Variante 2:
Analog zu Variante 1, aber mit Umrechnung der Gewichtskraft in die entsprechende Masse.

Beispiel:

2 000 g	2 N	F	810 kg	8,1 kN	T	80,5 g	8,05 N	A
	20 N	A		810 N	P		0,805 N	T
	200 N	O		8 100 kN	L		805 N	U
7 kg	70 N	L	6 300 mg	6,3 N	M	12,4 kg	124 N	E
	0,7 N	R		0,63 N	N		12 400 N	R
	700 N	T		0,063 N	E		12,4 kN	P
1 250 g	12,5 N	B	45 g	45 N	W	1,6 t	16 000 N	I
	1,25 N	O		4,5 N	R		1600 N	K
	1,25 kN	T		0,45 N	I		1,6 kN	O
24 t	2 400 N	A	9 t	90 kN	N	500 g	50 N	R
	240 N	O		9 MN	E		0,5 N	S
	240 kN	E		9 000 N	L		5 N	N
75 g	7,5 N	I	37 kg	0,37 MN	S			
	0,75 N	R		37 kN	O			
	75 N	S		3 700 N	F			

Name des Physikers: _ _ _ _ _ _ _   _ _ _ _ _ _ _ _

grobkörniges Salz, gemahlener Pfeffer (handelsübliche Gewürze in Gewürzspendern), farbiges Kopierpapier, Geodreieck oder Plastiklöffel

keine

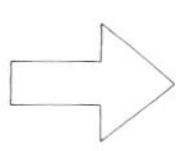

Entdecken physikalischer Phänomene oder als Einstieg in das Themengebiet „Elektrische Ladungen“, Durchführung von gezielten Beobachtungen, Benennen von Beobachtungsergebnissen

Spielverlauf:
Kann man das Salz wieder vom Pfeffer trennen?
Auf das farbige Blatt Papier wird etwas Salz und Pfeffer gestreut. Mit dem Finger werden die Gewürze gemischt, sodass eine Gewürzmischung entsteht.
Nun wird das Geodreieck (eine Kante davon) oder der Plastiklöffel an der körpereigenen Kleidung gerieben (elektrostatisch aufgeladen) und über die Gewürzmischung gehalten, ohne diese direkt zu berühren.

Hinweis: Besonders gut als „Reibematerial“ eignen sich Haare (ohne Gel) oder Fell

Was ist passiert?
Weil der Löffel durch die Reibung elektrostatisch aufgeladen wurde, wirken elektrische Kräfte zwischen dem Löffel und den Gewürzen.
Salz- und Pfefferkörner springen an den Löffel. Wird der Löffel nicht zu tief gehalten, springen zuerst die Pfefferkörnchen an den Löffel, weil sie eine geringere Masse als die Salzkörnchen haben.

A5-Kopierpapier oder Kopie der Blüte für jeden Schüler, Schüsseln mit Wasser, Schere

Kopien der Blüte anfertigen

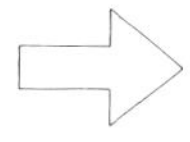

Entdecken physikalischer Phänomene, Experimentieren und Protokollieren üben und lernen, Motivierung und Aktivierung von Wissen

Spielverlauf:
Wie öffnet sich die Blüte, ohne Berührung?
Eine Schüssel wird mit Wasser gefüllt.
Jeder Schüler schneidet eine blütenartige Figur aus Papier aus. Die Blütenblätter werden nach innen gefaltet und fest angedrückt. Die geschlossene Blüte wird auf die Wasseroberfläche gelegt.

Hinweis: Der Versuch kann genutzt werden, um Schüler an „wissenschaftliches" Arbeiten heranzuführen, indem man zum Versuch ein vereinfachtes Protokoll mit der Gliederung Versuchsaufbau/Skizze, Beobachtung und Versuchsdeutung anfertigen lässt.

Was ist passiert?
Ein Phänomen der Kapillarität: Die Blütenblätter öffnen sich langsam, weil das Papier aus hauchdünnen Fasern besteht, in denen das Wasser langsam aufsteigt. Das Papier quillt somit auf, wodurch sich die Blütenblätter aufrichten.

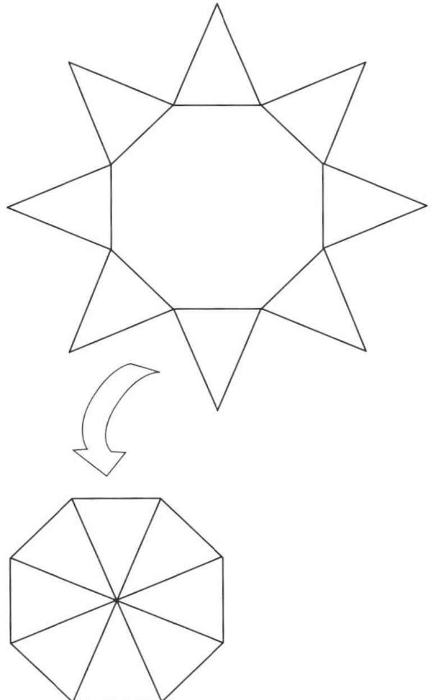

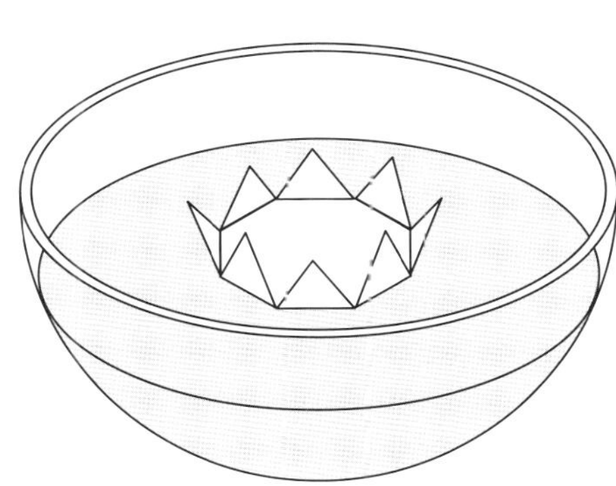

weißes Blatt Kopierpapier pro Schüler

keine

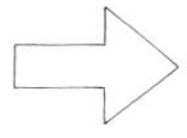

Entdecken physikalischer Phänomene, Motivierung, Durchführung von Beobachtungen

Spielverlauf:

Was ist zu tun?

Das Papier wird über die längere Seite zu einer Röhre zusammengerollt. Mit dem rechten Auge schaut man hindurch, ohne dabei das linke Auge zu schließen (oder umgekehrt). Gleichzeitig hält man die flache linke Hand an die Papierröhre (nicht zu dicht am rechten Auge). Nun gilt es, einige Sekunde abzuwarten und genau hinzuschauen.

Was ist passiert?

Unsere Augen unterliegen einer optischen Täuschung. Sie nehmen zwei unterschiedliche Bilder wahr. Während das linke Auge die Hand sieht, schaut das rechte in die Röhre – und nimmt nur einen kleinen Ausschnitt seiner Umgebung wahr.

Das Gehirn setzt die zwei unterschiedlichen Bilder zusammen. Dadurch entsteht der Eindruck, dass sich in der Hand ein Loch befindet.

Material entsprechend der Stationen, Aufgabenkarten, Laufzettel

Stationen vorbereiten und aufbauen, Aufgabenkarten herstellen, Laufzettel gestalten und als Klassensatz kopieren

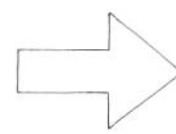

Motivierung und Aktivierung von Wissen, Entdecken physikalischer Phänomene

Spielverlauf:
Es werden 8 bis 10 Stationen mit „Freihandexperimenten" vorbereitet und aufgebaut. An jeder Station liegt die entsprechende Aufgabenkarte bereit.

Die Klasse wird in Gruppen mit jeweils drei Schülern aufgeteilt. Jeder Schüler erhält einen Durchlaufzettel, auf dem er in Kurzform seine Beobachtungsergebnisse schriftlich festhält.

Jede Gruppe ordnet sich einer Station zu. Nach ca. 3 Minuten wird im Uhrzeigersinn zur nächsten Station gewechselt.

Beispiele:
optische Täuschungen, Kraftwirkungen, Stromwirkungen, elektromagnetische Induktion, Magnetismus, Arten der Wärmeübertragung, kraftumformende Einrichtungen

Beispiele zu optischen Täuschungen:

Station	Material	Aufgabe
1	konzentrisches Quadratmuster (A5), durchsichtiger Kreis	*Was passiert, wenn* der transparente Kreis auf die konzentrischen Quadrate gelegt wird?
2	A4-Blatt mit zwei gleich großen Farbkreisen, Folie mit Kreismustern	*Was passiert, wenn* die Folie um 180 Grad gedreht wird?

Hinweis: transparente oder besser durchsichtige Formen auf Folie drucken oder kopieren und ausschneiden

stärkeres weißes Papier, Schaschlikspieße (Holz), Zirkel, schwarzer Filzstift, Farbstifte, Schere, Tesafilm

keine

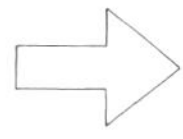

Motivierung, Entdecken physikalischer Phänomene aus dem Bereich optischer Täuschungen – Farbtäuschung, Kreativität

Spielverlauf:
Mithilfe der Schaschlikspieße und Kreisscheiben basteln die Schüler eigene Kreisel.

Die Schaschlikspieße werden zunächst halbiert, jeder Schüler erhält eine dieser Hälften.

Auf das weiße Papier zeichnen die Schüler sechs Kreise mit einem Radius von je 3 Zentimetern und gestalten diese (möglichst drei Kreise mit einem schwarz-weiß-Muster und drei Kreise farbig) vor dem Ausschneiden.

Die Schüler stecken jeweils einen ihrer Kreise auf den Schaschlikspieß. Unterhalb des aufgesteckten Kreises sollte der Schaschlikspieß mit Tesafilm umklebt werden, sodass der Kreis beim Drehen nicht nach unten rutscht. (Die gestalteten Kreise können anschließend ggf. auch übereinander gesteckt werden.)

Hinweis: Um beim Drehen der Kreisel Farbtäuschungen beobachten zu können, sollten die schwarz-weiß-Muster so gestaltet werden, dass eine Kreishälfte ganz schwarz ist und in der zweiten Hälfte der Schwarzanteil gering gehalten wird.

Beispiele:

Lineal, Luftballon, Schere, Pappe, zwei Gabeln, 2-Euro-Münze, Becherglas mit Wasser

Versuchsanleitungen ausdrucken

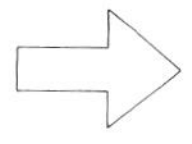

Entdecken physikalischer Phänomene, Motivieren und Aktivieren von Wissen

Die Schüler erhalten nacheinander verschiedene Aufgaben zum Experimentieren. Sie berichten im Anschluss über ihre Beobachtungen.

Experiment 1:
„Lege auf die beiden nach vorn ausgestreckten Zeigefinger ein Lineal und versuche, die beiden Zeigerfinger zur Mitte des Lineals hin zu bewegen, ohne das Lineal dabei fallen zu lassen."

Experiment 2:
„Blase einen Luftballon auf und male ihm ein Gesicht. Lass ihn fallen und beobachte, wie er aufkommt. Schneide aus der Pappe zwei „Füße", ohne diese durchzuschneiden. Füge in die Mitte der Füße ein Loch ein und befestige die Füße am Luftballon dort, wo er zusammengeknotet ist. Lasse den Ballon erneut fallen. Was beobachtest du nun?"

Experiment 3:
„Stecke zwei Gabeln mit dem oberen Zinken etwa im oberen Drittel auf die Münze, sodass sich die Zinken berühren. Fülle das Becherglas drei Viertel voll mit Wasser (für einen besseren Stand). Lege nun die Münze mit den befestigten Gabeln auf den Rand des Glases. Was stellst du fest?"

2 leere Getränkedosen, einen dicken Strohhalm, die leeren Dosen können von den Schülern mitgebracht werden, die Strohhalme ggf. im „Großpack“ (20 oder 50 Stück) kaufen

keine

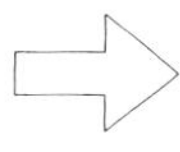

Entdecken physikalischer Phänomene, Aktivierung von Wissen, Protokollieren üben (aus dem Bereich der strömenden Flüssigkeiten und Gase)

Spielverlauf:
In welche Richtung rollen die Dosen?
Die beiden Getränkedosen werden im Abstand von ungefähr 3 Zentimetern nebeneinander auf den Tisch gelegt. Mithilfe des Strohhalms wird zwischen den Dosen hindurchgeblasen. Beobachtet, was passiert.

Was ist geschehen?
Der sogenannte Bernoulli-Effekt wird sichtbar:

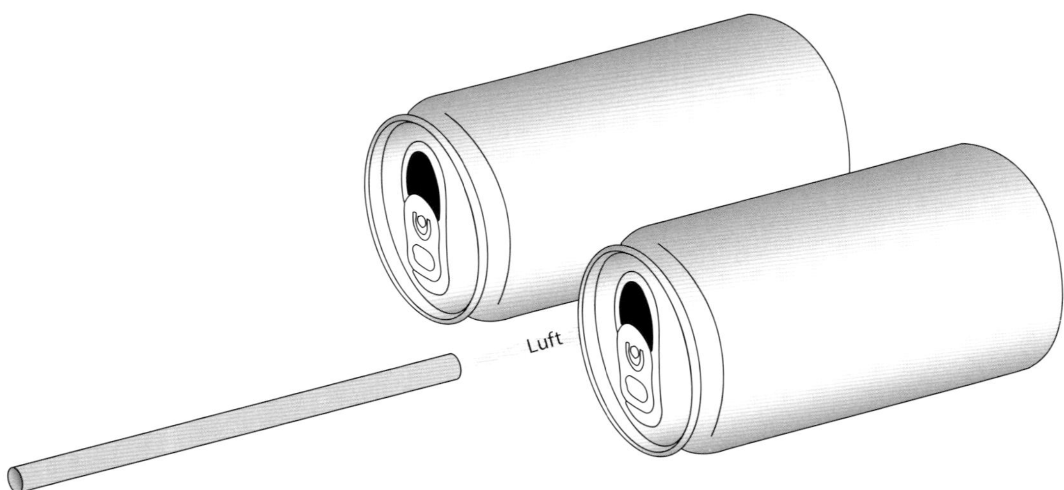

Die Dosen bewegen sich aufeinander zu, weil die Luft zwischen ihnen zu wenig Platz hat und somit schneller strömt. Das bedeutet, dass der Druck abnimmt (also ein Unterdruck erzeugt wird) und ein Sog entsteht.

3.8 Kerze hinter Flasche

leere Flasche (ggf. von Schüler mitgebracht, möglichst verschraubbare Plastikflasche), Teelicht oder Kerze im Kerzenhalter

keine

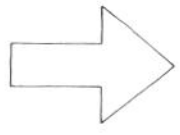

Entdecken physikalischer Phänomene, Aktivierung von Wissen, Motivieren, Protokollieren üben (Bereich der strömenden Flüssigkeiten und Gase)

Spielverlauf:
Kann man eine Kerze hinter einer Flasche auspusten?
Hinter eine beschwerte (mit Wasser gefüllte) Flasche wird eine brennende Kerze gestellt.
In Höhe der Kerzenflamme wird auf die Flasche geblasen.

Was ist passiert?
Man beobachtet den sogenannten Coanda-Effekt:
Strömende Gase folgen bei nicht allzu stark gekrümmten Oberflächen der Krümmung der Oberfläche. Die Luft, die auf die Flasche geblasen wird und seitlich vorbeiströmt, trifft hinter der Flasche wieder aufeinander und lässt die Kerze erlöschen.

3.9 Seltsame Papierstreifen

2 Blätter, Schere

Für Teil 1: vom ersten Blatt zwei bis drei etwa 5 cm breite Streifen abschneiden
Für Teil 2: das zweite Blatt halbieren

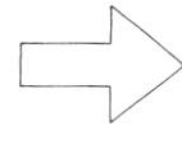

Entdecken physikalischer Phänomene, auch als Einstieg in das Themengebiet Luftdruck (strömende Gase), Durchführung von gezielten Beobachtungen, Benennen von Beobachtungsergebnissen, Formulierung von Versuchsdeutungen im Sinne von „Was passiert, wenn …"

Spielverlauf:
Was ist zu tun?
Teil 1: das Ende des Streifens über den Zeigefinger legen, diesen an den Mund halten und kräftig blasen

Teil 2: zwischen zwei Papierstreifen hindurchblasen

Was ist passiert?
Bläst man über den Papierstreifen hinweg, bewegt er sich durch den Luftzug nach oben. Bläst man zwischen die Blätter, so ziehen sich diese plötzlich an und kleben zusammen. Zu erklären ist dies mit dem sogenannten Bernoulli-Effekt: Danach wird der Druck umso niedriger, je schneller Luft strömt. Dort, wo ein niedrigerer Druck oder Unterdruck herrscht, entsteht ein Sog.
Beim Papierstreifen passiert also Folgendes: Über dem Streifen, wo gepustet wurde, strömt die Luft schnell, sodass dort ein geringerer Druck als unter dem Streifen herrscht. Als Ergebnis entsteht ein Sog, der den Papierstreifen nach oben zieht. Hat eine Flüssigkeit oder ein Gas wenig Platz, so fließt es schneller – und umgekehrt.

3.10 Lavalampe bauen

hohe, durchsichtige Plastikflasche, Wasser, Speiseöl, Salz, Tinte oder Lebensmittelfarbe

keine

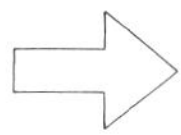

Entdecken physikalischer Phänomene, Experimentieren und Protokollieren üben und lernen, Motivierung und Aktivierung von Wissen

Spielverlauf:

Was ist zu tun?

Man füllt den Behälter etwa vier Zentimeter hoch mit Wasser und gießt sehr vorsichtig etwa einen Zentimeter Öl darauf. (Den Behälter dabei ein wenig neigen, das Öl langsam über das Glas oder Kunststoff fließen lassen, damit sich die Flüssigkeiten nicht vermischen.) Dann gibt man noch ein wenig Tinte oder Lebensmittelfarbe dazu. Lässt man anschließend etwas Salz auf das Öl rieseln, kann man den „Lavalampen-Effekt" beobachten.

Was ist passiert?

Unter der Dichte versteht man das Gewicht eines Stoffes, bezogen auf ein bestimmtes Volumen. Öl besitzt eine geringere Dichte als Wasser, es schwimmt also obenauf. Tinte oder Lebensmittelfarbe haben eine ähnliche Dichte wie Wasser, fallen deshalb durch das Öl hindurch und vermischen sich mit dem Wasser.
Kippt man Salz in das Wasser, so sinkt es auf den Grund, da es eine größere Dichte als Öl und Wasser hat. Auf dem Weg nach unten nimmt das Salz Öltröpfchen mit. Sobald sich das Salz im Wasser aufgelöst hat, steigen die Öltropfen wieder nach oben. Es entsteht der Lavalampen-Effekt.

Aluminiumbackform, Glas, Luftballon, ggf. „Reibzeug" (Wolltuch, Fell)

keine

Entdecken physikalischer Phänomene, Experimentieren und Protokollieren üben und lernen, Motivierung und Aktivierung von Wissen

Spielverlauf:

Was passiert, wenn mit einem Finger die Backform berührt wird?

Der Boden einer Aluminiumbackform wird auf ein trockenes Trinkglas gesetzt. Ein Luftballon wird (prall) aufgeblasen. Ein Schüler reibt den aufgeblasenen Luftballon kräftig an einem Wolltuch oder seiner Kleidung bzw. an den Haaren.
Anschließend wird der Luftballon auf die Backform gelegt, ohne Berührung der geriebenen Stelle. Ein Finger nähert sich langsam dem Rand der Backform...

Was ist passiert?

Der Finger zuckt, es entsteht eventuell ein kleiner Blitz oder Funke.
Infolge der starken Reibung wird der Ballon elektrostatisch aufgeladen. Der aufgeladene Ballon überträgt – auf der Backform liegend – seine Ladungen auf das Aluminium.
Im Aluminium gibt es frei bewegliche Elektronen, es baut sich ein elektrisches Feld auf.
Durch die Berührung des Metalls mit dem Finger kommt es zum Ladungsausgleich.

3.12 Puste benötigt

Glas- oder Plastikflasche, Luftballon

keine

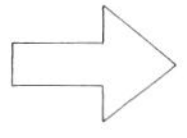

Entdecken physikalischer Phänomene, Verschriftlichen von Beobachtungsergebnissen, Protokollieren üben

Spielverlauf:
Was ist zu tun?
Den Schülern wird folgende Aufgabe gestellt:

*„Schaffst du es, den Ballon aufzupusten?
Stecke einen Luftballon in eine Flasche und stülpe sein Mundstück über die Flaschenöffnung.
Puste kräftig in den Ballon und beobachte, was passiert."*

Was ist passiert?
Der Ballon strafft sich nur ganz wenig. Er lässt sich nicht vollständig aufblasen.
In der Flasche ist Luft. Diese kann nicht entweichen, weil der Luftballon den Flaschenhals beim Aufpusten verschließt.

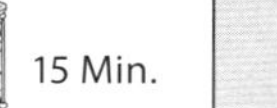

Schüssel mit Wasser, dünnes farbiges Band (Wolle oder dickes Garn), Geschirrspülmittel, Schaschlikspieße aus Holz

keine

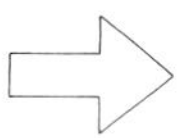

Entdecken physikalischer Phänomene, Schärfen der Beobachtungsgabe, Experimentieren nach Anleitung, Protokollieren üben

Spielverlauf:
Wie wird der Faden rund?
Die Schüler erhalten folgende Aufgabe zum Experimentieren:

„Fülle eine Schüssel mit Wasser. Knote einen Faden zu einer Schlinge. Lasse den zusammengeknoteten Faden auf der Wasseroberfläche schwimmen. Nimm ein Hölzchen und tauche es in Geschirrspülmittel. Berühre nun mit diesem (mit Geschirrspülmittel behafteten) Hölzchen die Mitte der Wasseroberfläche, die von der unregelmäßig geformten Schlinge begrenzt wird. Beobachte, was passiert."

Was ist passiert?
Die Schlinge richtet sich zu einem Kreis aus.

Ursache der Ausrichtung ist das Geschirrspülmittel. Es vermischt sich mit den Wasserteilchen, besser gesagt, es dringt zwischen die Wasserteilchen und löst somit die Oberflächenspannung des Wassers auf. Die Wasserhaut reißt sehr schnell auf. Die Flüssigkeitsteilchen geraten in Bewegung und stoßen dabei gegen die Schlinge. Es bildet sich ein Kreis, weil diese Figur durch den vorgegeben Umfang der Schlinge die größte Fläche hat.

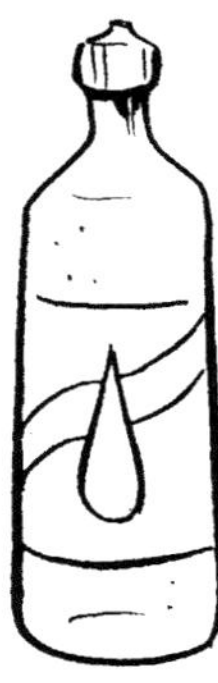

3.14 Seifendosenlampe

30 Min.

Kl. 5 – 6

Seifendose, Figur (als Lampenschirm gut geeignet: kleine Gummi-Ente), Fassung, Glühlampe, Flachbatterie, 3 Verbindungsleiter, Isolierband, Schalter

keine

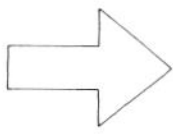

Aktivierung von Wissen, Nutzung physikalischer Kenntnisse bei der Herstellung eines Alltagsgegenstandes

Spielverlauf:
Was ist zu tun?
Die Schüler bohren in den Deckel der Seifendose zwei Löcher mit ca. 1 cm Durchmesser für den Schalter und die Fassung. In die Figur wird zudem ein etwas größeres Loch eingefügt, sodass die Figur über die Lampe passt.

An allen 3 Verbindungsleitern werden die Isolierungen an beiden Enden in ca. 1 cm Länge entfernt. Der Stromkreis für die Lampe wird nun zusammengesetzt, alle Verbindungsstellen anschließend mit Isolierband umfasst.
Der Stromkreis wird anschließend so in die Seifendose eingefügt, dass der Schalter und die Fassung durch die Löcher ragen.

Hinweise: Beim Schalter zunächst den obere Ring ab- und nach dem Durchstecken wieder aufschrauben; die Fassung so einfügen, dass die Verbindungsstellen von der inneren Deckelseite aus mit Isolierband überklebt werden können.

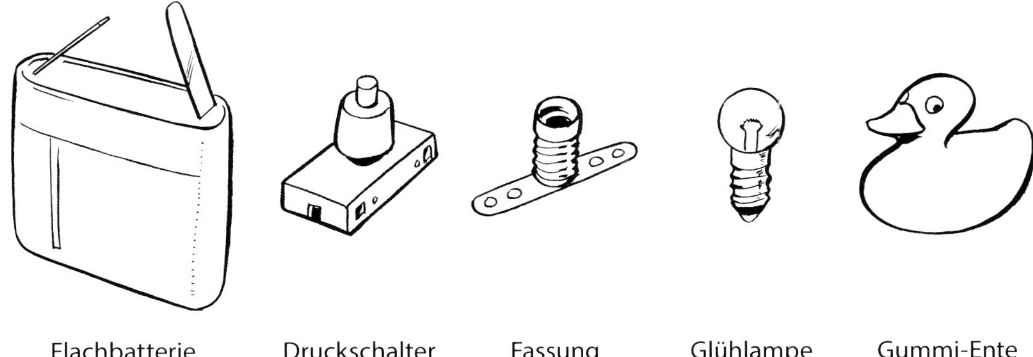

Hinweis: Die elektrischen Bauteile am besten über eine Sammelbestellung anfordern, die Seifendose (es kann auch jede andere Dose sein) und den „Lampenschirm" können die Schülern selbst mitbringen.

farbiges Tonpapier: rot, grün, gelb

im Postkartenformat farbige (rote, grüne und gelbe) Karten als Klassensatz von jeder Farbe zuschneiden

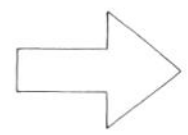

Wiederholung und Aktivierung von Wissen „quer durch die Physik“ oder zu speziellen Themen

Die Aussage ist falsch.

Ich weiß nicht, ob die Aussage wahr oder falsch ist.

Die Aussage ist wahr.

Spielverlauf:
Jeder Schüler erhält eine rote, grüne und gelbe Postkarte. Der Lehrer formuliert physikalische Aussagen, die wahr oder falsch sind. Entscheidet ein Schüler, dass eine Aussage wahr ist, hebt er das grüne „Ampelkärtchen“. Bei der Entscheidung „Die Aussage ist falsch“, hält er das rote „Ampelkärtchen“ nach oben. Ist „wahr“ oder „falsch“ nicht klar zuzuordnen, wird das gelbe „Ampelkärtchen“ gezeigt.

Beispiele:
Thema Kraft:
„Die Kraft gibt an, wie schwer ein Körper ist.“
„Ein 5 Kilogramm schwerer Körper hat eine Gewichtskraft von 50 Newton.“
„Wenn ich zum Anheben meiner Schultasche auf der Erde 150 Newton an Kraft aufbringen muss, brauche ich auf dem Mond nur ein Sechstel davon.“
„Das Zerreißen von Papier ist eine plastische Verformung.“

Quer durch die Physik:
„Die Mechanik ist ein Teilgebiet der Biologie.“
„Die Einheit der Stromstäke ist das Volt.“
„Die Geschwindigkeit wird mit einem Tachometer gemessen.“

4.2 Eine wertvolle Sache

10 Min. | **Kl. 7 – 9**

Kreuzworträtsel mit Wortlösung

Kreuzworträtsel so vorbereiten, dass sich in einer Spalte ein Lösungswort oder Lösungssatz ergibt

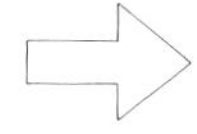

Aktivierung von Wissen, Wiederholen von Wissen

Variante 1:
Vom Lehrer wird ein Kreuzworträtsel als Arbeitsvorlage für jeden einzelnen Schüler vorbereitet. Es können Wissensinhalte durch das breite Spektrum der Physik oder gezielt zu einzelnen Themengebieten abgefragt werden.

Variante 2:
Als vorbereitende Hausaufgabe entwerfen einzelne Schülergruppen ein Kreuzworträtsel, welches dann im Unterricht von allen zu lösen ist.

Beispiel:

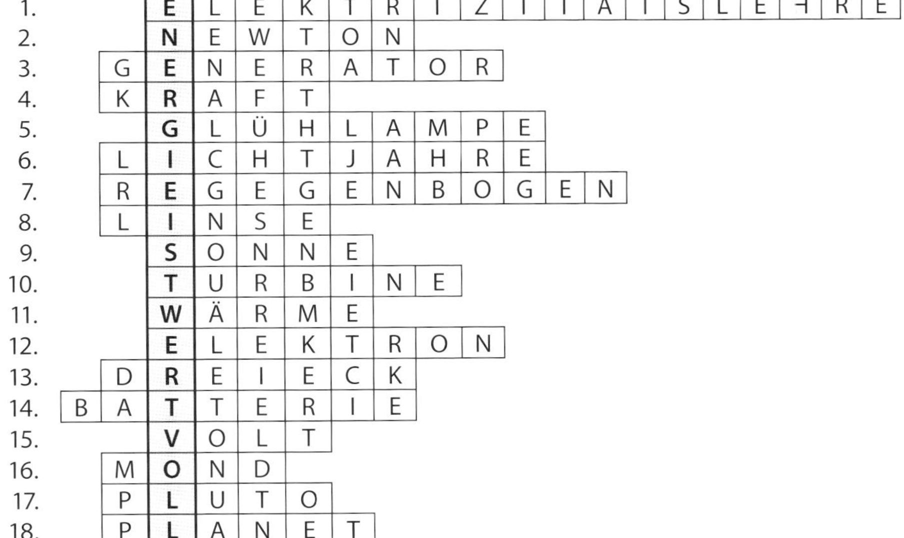

1. Teilgebiet der Physik
2. Physiker
3. Energiewandler (Stromerzeuger)
4. physikalische Größe (wird in Newton gemessen)
5. elektrisches Bauteil
6. astronomische Längeneinheit
7. farbiges Naturschauspiel
8. Teil optischer Geräte (Brille)
9. Zentrum unseres Planetensystems
10. eine Kraftmaschine
11. Energieart
12. Ladungsteilchen
13. ebene geometrische Figur
14. Stromquelle
15. Einheit der elektrischen Spannung
16. Erdbegleiter
17. Zwergplanet
18. Himmelskörper

   10 Min. **Kl. 8 – 10**

Aufgabenblatt, Lösungsfeld

Aufgabenblatt für das Buchstabenrätsel als Kopie für jeden Schüler vorbereiten, Lösungsfeld vorbereiten

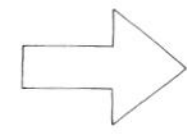

Anwenden mathematischer Strukturen, Wiederholung der Umrechnung von Einheiten und der Bedeutung der Einheitenvorsätze

Variante 1:
Vom Lehrer wird ein Arbeitsblatt als Kopie für jeden Schüler (mit entsprechendem Lösungsfeld) vorbereitet. In den Aufgaben sind Maßangaben und Einheiten vorgegeben, in die jeweils umzurechnen ist.
Im Lösungsfeld werden die Lösungen mit einem zugeordneten Buchstaben aufgeführt, sodass sich bei vollständiger, richtiger Lösung ein Lösungssatz ergibt.

Variante 2:
Aufgabenfeld und Lösungsfeld werden getrennt voneinander gestaltet. Das Lösungsfeld wird an mehreren Stellen in der Klasse zur Selbstkontrolle der Schüler ausgelegt.

Beispiel:
Aufgabenfeld

15 MV = ________ V ___	3 kN = ________ N ___	0,06 kg = ________ g ___	0,03 A = ________ mA ___	0,34 m = ________ mm ___

Lösungsfeld (ungeordnet)

3 000 N **(E)**				
		15 Mill. V **(D)**		

Mögliche Lösung (bei 20 Aufgaben): DETEKTIV KURZSCHLUSS

   30 Min. 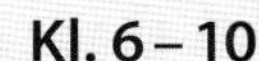 Kl. 6 – 10

dickes Papier (Tonkarton), kariertes A4-Blatt im Querformat (oder eine Kopie mit vorbereiteter Tabelle, Karten mit den Namen physikalischer Größen

dickes Papier (z. B. Tonpapier) im Postkartenformat zuschneiden, Name physikalischer Größen aufdrucken oder schreiben (ein Name pro Karte)

Aktivierung und Wiederholung von Basics zu physikalischen Größen

Spielverlauf:
Vom Lehrer werden Kärtchen mit den Namen der physikalischen (auch mathematischen) Größen vorbereitet und auf einen Stapel gelegt. Ein Schüler nennt eine Zahl zwischen 1 und 20, die entsprechend im Stapel liegende Karte wird aufgedeckt und der Name der Größe bekanntgegeben (entsprechend dem Spiel „Stadt-Land-Fluss“).

Beispiel:

physikalische Größe	Formelzeichen	Einheitenname	Einheitensymbol	Messgerät	Definitionsgleichung	erzielte Punkte
Gewichtskraft	F_G	Newton	N	Federkraftmesser	$F_G = m \cdot g$	

Physikalische Größen: Länge, Geschwindigkeit, Kraft, Beschleunigung, Temperatur, mechanische Arbeit, elektrische Leistung, Zeit …

Punktevergabe: Sinnvoll ist es, auf jede richtige Lösung 5 Punkte zu geben. Keine Lösung bedeutet 0 Punkte. Bei den Einheitennamen kann es Unterschiede geben (z. B. bei der Länge: Meter, Inch, Kilometer). Bei unterschiedlichen (Mehrfach-)Nennungen sollten 10 Punkte vergeben werden.

4.5 Lauter „Angeber“

10 Min.

Kl. 6 – 9

die der jeweiligen Klassenstufe und dem Lehrplan entsprechenden physikalischen Größen zusammentragen und deren Definition notieren (als mögliche Lösung und zur eventuellen Selbstkontrolle der Schüler)

Wiederholung und Sicherung von Wissen

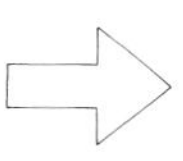

Wer findet die meisten „Angeber“?

Spielverlauf:
Die Schüler werden aufgefordert, die meisten „Angeber“ in Form einer Definition zu notieren.
Hierbei sollten alle Definitionen mit dem folgenden Satzanfang beginnen:
„ Die/das … **gibt an**, wie … “
Für die gefundenen Lösungen werden Punkte vergeben.

Hinweis: Vor Beginn der Übung ist es hilfreich, ein gemeinsames Beispiel zu finden.

Beispiele:
Masse, Zeit, Frequenz, mechanische Arbeit, mechanische Leistung, Dichte, Druck, elektrische Stromstärke, elektrische Ladung, ohmscher Widerstand,

Fast alle messbaren Größen sind „Angeber“:

Die Kraft **gibt an**, wie stark ein Körper auf einen anderen einwirkt.
Die Temperatur **gibt an**, wie heiß oder kalt ein Körper ist.
Die Geschwindigkeit **gibt an**, wie schnell ein Körper ist.
Die Beschleunigung **gibt an**, wie groß die Geschwindigkeitsänderung eines Körpers ist.
Das Volumen **gibt an**, wie groß der Raum ist den ein Körper einnimmt.

Punktevergabe:
pro gefundener Größe: 1 Punkt
bei vollständiger, richtiger Definition: 2 Punkte

Buchstabenfeld als Kopie für jeden Schüler

Buchstabenfeld vorbereiten, Anzahl der Quadrate festlegen (Mindestgröße entspricht der Buchstabenanzahl des längsten verwendeten Begriffes), Fachbegriffe eintragen und die restlichen leeren Felder mit beliebigen Buchstaben füllen

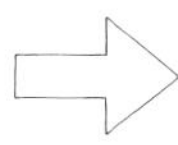

Wiederholung und Aktivierung von Faktenwissen zu den Größen und dazugehörigen Einheiten

Spielverlauf:
„10 Tandems gesucht“: Im Buchstabenfeld haben sich 10 Paare physikalischer Größen und ihrer dazugehörigen Einheiten versteckt. Sie können waagerecht, senkrecht, vorwärts oder rückwärts notiert sein.

Hinweis: AE steht für Ä

Beispiel:

M	A	S	S	E	L	D	R	U	C	K	P	Q
Q	R	T	S	P	A	N	N	U	N	G	S	U
T	K	R	A	F	T	U	V	W	X	N	Y	A
Z	V	O	L	T	A	J	O	U	L	E	W	D
B	B	M	C	D	O	E	T	T	A	W	A	R
A	F	S	G	H	H	I	Z	E	I	T	E	A
R	J	T	K	L	M	M	W	N	O	O	R	T
P	Q	A	M	P	E	R	E	R	S	N	M	M
G	M	E	T	E	R	T	G	U	V	W	E	E
R	X	R	L	E	I	S	T	U	N	G	X	T
A	Y	K	Z	A	B	F	L	A	E	C	H	E
M	C	E	D	S	E	K	U	N	D	E	Y	R
M	E	F	E	G	N	E	A	L	E	D	I	W

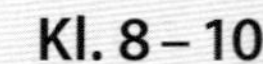

leeres Blatt, Karten mit Fachbegriffen

postkartengroße Tonpapierkarten zuschneiden, „Oberbegriff“ aufdrucken oder auf Karten schreiben

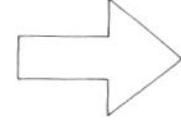

Wiederholung und Aktivierung von themenbezogenem Wissen

Variante 1:
Vom Lehrer (oder einem Schüler) wird ein „Oberbegriff“ vorgegeben und ein Zeitlimit gesetzt. Die Schüler finden neue, zum Themengebiet gehörende Begriffe, sie nutzen dabei die Buchstaben des vorgegebenen Begriffs als Anfangsbuchstaben.

Variante 2:
Wie Variante 1, nur dass dem Oberbegriff beliebige Begriffe aus der Physik zugeordnet werden.

Beispiele:

O Objektiv (2)
P Projektor (2)
T Teleskop (2)
I Infrarotlicht (2)
K Konkav Linse (2)

M Mechanische Arbeit (2)
E Energie (1)
C Chronometer (1)
H Hebel (2)
A Akustik (1)
N Normaldruck (2)
I Isaac Newton (2)
K Kraft (2)

Punktevergabe:
2 Punkte: für jeden Begriff, der eindeutig dem Themengebiet zugeordnet werden kann
1 Punkt: für jeden Begriff, den man auch anderen Themengebieten zuordnen kann

4.8 Größen- und Einheiten-Memory®

20 Min.
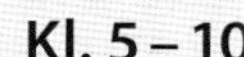
Kl. 5 – 10

Memory®-Karten mit den Namen physikalischer Größen und den entsprechenden Einheiten, Briefumschlag

Memory®-Karten drucken, laminieren und (halbe Postkartengröße oder klassische Quadratform) ausschneiden und in Briefumschläge verpacken

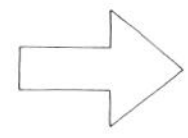
Wiederholung und Aktivierung von Grundwissen

Spielverlauf:
Die Kärtchen werden gemischt und mit der bedruckten Seite verdeckt auf den Tisch gelegt. Der erste Spieler deckt zwei Karten auf. Gehören diese zusammen, darf er sie behalten und noch einmal „ziehen". Gehören sie nicht zusammen, werden sie wieder umgedreht, der nächste Spieler ist an der Reihe. Gewonnen hat der Spieler, der die meisten Paare sammeln konnte.

Beispiel:

Masse	***Weg***	***Zeit***	***Temperatur***
Gramm	Meter	Stunde	Grad Kelvin
Kraft	***Beschleunigung***	***Geschwindigkeit***	***Fläche***
Newton	Meter pro Quadratsekunde	Kilometer pro Stunde	Quadratmeter
Elektrische Spannung	***Elektrische Stromstärke***	***Elektrische Leistung***	***Widerstand***
Volt	Ampere	Kilowatt	Ohm

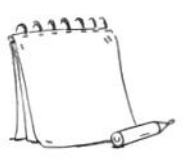

Sanduhr, Tischglocke (oder Handhupe, Kinderspielzeug), Tabukarten

Tabukarten vorbereiten, dazu bringt der Lehrer Blankokarten aus Tonkarton im halben Postkartenformat mit, die Schüler (Mannschaften) schreiben vor Beginn des Spiels ihre eigenen Tabukarten

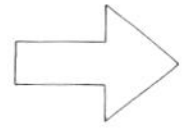

Wiederholung, Sicherung und Aktivierung von Wissen

Spielverlauf:
Die Klasse oder Lerngruppe wird zu Beginn in zwei zahlenmäßig möglichst gleich große Gruppen aufgeteilt.
Die erste Mannschaft stellt einen „Erklärer", die zweite Mannschaft einen „Zeitwächter" und einen „Hupmeister".
Der „Erklärer" hat die Aufgabe, seiner Mannschaft innerhalb einer bestimmten Zeit so viele Begriffe wie möglich zu erklären, ohne dabei ein gegebenes „Tabuwort" zu benutzen. Wird ein „Tabuwort" benutzt, muss der nächste Begriff erklärt werden.
Der „Zeitwächter" hat die Aufgabe, die Uhr zu starten, zu beobachten und bei abgelaufener Zeit „Stopp" zu rufen.
Der „Hupmeister" überwacht das Erklären und hupt immer dann, wenn ein „Tabuwort" verwendet wurde – und wenn die Zeit abgelaufen ist.
Nach abgelaufener Zeit wechseln die Mannschaften.
Gewonnen hat die Mannschaft, welche die meisten Begriffe erraten konnte.

Beispiele:

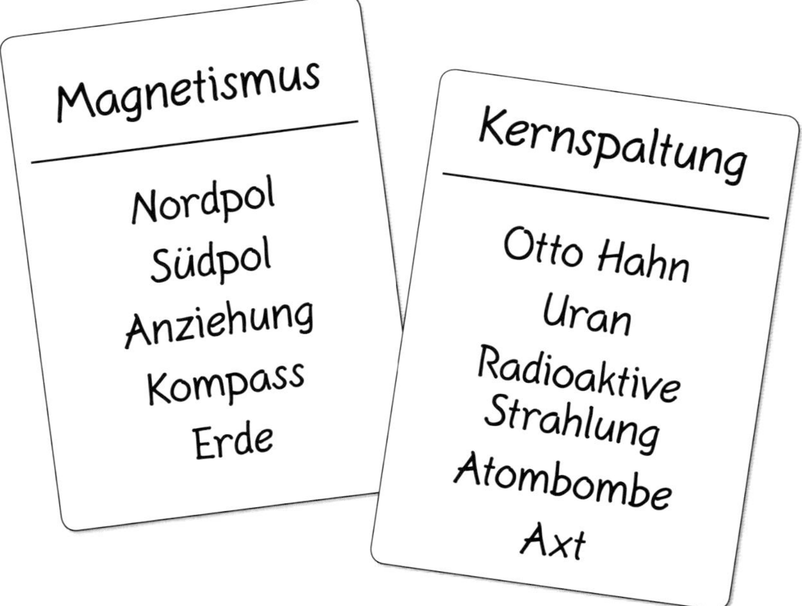

Wissensquizz „clevere Atomphysiker"

ein Wissensquizz in Form eines mathematischen Rätsels erstellen

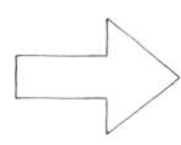

Wiederholung und Sicherung von Wissensinhalten zum Atombau

Spielverlauf:
Vom Lehrer wird ein Wissensquizz in Form eines mathematischen Rätsels vorbereitet, z. B. wie folgt:
Physiker sind clever und besitzen eine gute Beobachtungsgabe.

Denke dir eine Zahl zwischen 1 und 20.
Rechne mit dieser Zahl in der Reihenfolge der Aufgaben, indem du die jeweiligen Operatoren verwendest, die hinter der Lösung der Aufgabe stehen.

Themenvorschlag:

1. Welche Teilchen bilden den Atomkern? a: nur Neutronen +2 b: nur Positronen −7 c: Neutronen und Protonen +8	**2. Wie ist die Hülle eines Atoms geladen?** a: nicht geladen +6 b: negativ −5 c: positiv ·2	**3. Was gibt die Massenzahl an?** a: Zahl der Neutronen ·8 b: Zahl der Protonen :2 c: Zahl der Protonen und Neutronen zusammen +15	**4. Was geschieht, wenn aus der Atomhülle ein Elektron entfernt wird?** a: Das Atom zerfällt. +13 b: Das Atom wird negativ. −20 c: Das Atom wird zum positiven Ion. +5
5. Worin unterscheiden sich die Isotope eines Elements? a: in der Neutronenzahl +10 b: in der Ordnungszahl +5 c: in der Kernladungszahl +11	**6. Welche Massenzahl hat ein Uranatom mit 92 Protonen und 143 Neutronen im Kern?** a: Massenzahl 143 +26 b: Massenzahl 235 −13 c: Massenzahl 92 ·7	**7. Welche Atomschreibweise gehört zum Wasserstoffisotop H-2?** a: $^{1}_{1}$H · **gedachte Zahl** b: $^{2}_{1}$H − **gedachte Zahl** c: $^{1}_{2}$H : **gedachte Zahl**	**8. Welche elektrische Ladung haben Protonen?** a: positiv :4 b: neutral +10 c: negativ −100

Wenn du alle Fragen richtig beantwortet hast (und zudem richtig gerechnet hast), solltest du 5 erhalten.
Warum kommt jeder zum gleichen Ergebnis?
$(x + 8 - 5 + 15 + 5 + 10 - 13 - x) : 4 = 5$

4.11 Domino

15 Min.

Kl. 6 – 8

Domino, Briefumschläge, eventuell Formelsammlung

Dominospiel so herstellen, dass im linken Feld immer eine Antwort steht und im rechten Feld eine Frage bzw. Aufgabe.

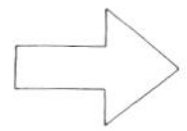

Wiederholung und Aktivierung von Wissen, Üben und Anwenden von Gelerntem

Spielverlauf:
Die „Dominosteine“ werden gut gemischt und verdeckt vor die Spieler gelegt.
Je nach Spieleranzahl werden Karten (darunter eine „Startkarte“) gemischt und verdeckt ausgeteilt.
Jeder Mitspieler zieht weitere vier „Steine“ und legt diese offen vor sich hin. Nun wird auch die Anfangskarte aufgedeckt. Wer den Stein mit dem Startfeld hat, beginnt. Hat er einen passenden Anlege-Stein, kann er sofort weiterspielen. Ist das Anlegen eines neuen Steines nicht möglich, ist der nächste Spieler an der Reihe. Wenn dieser nicht anlegen kann, muss er einen weiteren Stein ziehen. Gewonnen hat der Spieler, der als erster alle seine Steine anlegen konnte.

Hinweis:
Es sollten mindestens 20 Dominosteine angefertigt werden. Beim ersten Austeilen sollte die Start-Karte mit enthalten sein.

Beispiel:

Antwort	Frage
Start	Welche Teile werden von Magneten angezogen?
Eisen, Nickel, Kobalt	Die drei bekanntesten Magnetformen sind …
Stabmagnet, Hufeisenmagnet, Ringmagnet	Was sind die wichtigsten Teile eines Kompasses?
Windrose, Magnetnadel	Der Kraftraum um einen Magneten heißt …

4.12 Gummitwist

Arbeitsblatt, Plakat (A2), Hutgummifäden, Pinnnadeln oder Heftzwecken

Arbeitsblatt in Form einer Tabelle (3 Spalten) vorbereiten, Plakat vorbereiten, gut einsehbar aufstellen (die Gummibänder am zweiten linken Rand befestigen, sie hängen anfänglich lose herab)

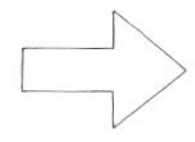
Wiederholung und Sicherung von Wissen, Erkennen von Zusammenhängen

Spielverlauf:
Mithilfe einer Meldekette wird nacheinander jedem Satzanfang sein Satzende zugeordnet und somit entsprechend das Gummiband gespannt und befestigt. Sind alle Zuordnungen erfolgt, erhält jeder Schüler das zum Plakat passend angefertigte Arbeitsblatt (um den Lerneffekt zu erhöhen, können Zeilen vertauscht sein) und zeichnet entsprechend der gespannten Gummifäden Verbindungslinien ein.

Beispiele:

Elektrische Energie wird …		… Turbinen an.
Man unterscheidet verschiedene …		… wird der Strom transportfähig gemacht.
Im Wärmekraftwerk treibt heißer Wasserdampf …		… in Kraftwerken erzeugt.
Die Turbine setzt …		… einem Fahrraddynamo.
Der Generator ist vergleichbar mit …		… von Ladungsteilchen, den Elektronen.
Er besteht aus …		… Drahtspulen und Magneten.
Am Generator ist …		… Kraftwerkstypen.
Im Transformator …		… den Generator in Gang.
Strom ist die Bewegung …		… Licht, Wärme oder Bewegung umgewandelt.
Der Strom wird in …		… ein Transformator angeschlossen.

4.13 Spickzettel – Ziehharmonika

  20 Min.  Kl. 5–8

 Papierstreifen, Klebstift, Schere

 Papierstreifen mit Lückentext vorbereiten (geeignete Größe: A4, längs in zwei gleich große Streifen zerschneiden und doppelt falten, sodass vier gleich große Felder entstehen)

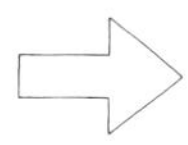 Wiederholung und Sicherung von Wissen, Üben und Anwenden von Wissensinhalten, Kreativität

Spielverlauf:
Jeder Schüler erhält den vorbereiteten Lückentext, zerschneidet diesen in die beiden Streifen und klebt die Streifen aneinander. Anschließend wird der Streifen wie eine Ziehharmonika gefaltet und bearbeitet.

Beispiel:

Wäscheklammern oder Büroklammern, Klammerkarte

Klammerkarte mit Vorder- und Rückseite (beidseitiger Druck) herstellen

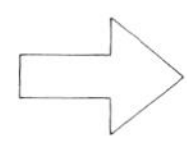

Wiederholung und Sicherung von Wissensinhalten, selbstständiges Lernen, Reflektieren von Fehlern

Spielverlauf:
Im rechten Bereich der Karte wird an jede richtige Lösung eine Klammer gesetzt. Nach dem Zuordnen wird die Karte umgedreht. Die grauen Felder auf der Rückseite ermöglichen die Selbstkontrolle: Stimmen sie mit den Klammern überein, ist alles richtig. Bei falschen Lösungen wird die Klammer abgenommen und die Aufgabe noch einmal bearbeitet.

Beispiele:
- Aufgaben quer durch die Physik oder speziell zu einem Thema mit Vorgabe von drei Lösungen – nur eine davon ist richtig.
- Abbildungen physikalischer Vorgänge mit Aussagen zum Bild, bei denen die Schüler zwischen Beobachtung und Vermutung entscheiden müssen.

Klammerkarte (Vorderseite)		Rückseite
Das Formelzeichen der Spannung ist	A	
	U	
	R	
Die Einheit der Stromstärke heißt	Ohm	
	Volt	
	Ampere	
Die Mechanik ist ein Teilgebiet der	Biologie	
	Chemie	
	Physik	
Die Einheit der Kraft benannte man zu Ehren eines Physikers	Newton	
	Einstein	
	Kopernikus	
Für die mechanische Leistung gilt:	$P = W : t$	
	$P = W \cdot t$	
	$P = W \cdot t^2$	

Knickkante

Arbeitsblatt als Silbenrätsel

Arbeitsblatt als Silbenrätsel oder Flipchart vorbereiten

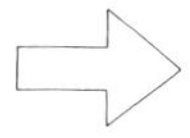
Wiederholung und Sicherung von Wissen, Aktivierung von Wissen

Spielverlauf:
Gesucht werden 11 Fachbegriffe aus dem Bereich der Optik. Sie sind – in Silben zerlegt – am rechten und linken Rand abgebildet. Bei richtiger Lösung ergeben die Anfangsbuchstaben, von oben nach unten gelesen, z. B. ein interessantes optisches Gerät.

Beispiel:

all	1. ______________ Optisches Gerät zur Bildaufnahme	nen
den		Ob
Dia	2. ______________ Eigenschaft der Lichtausbreitung	Oku
dig		pil
Elek	3. ______________ Schnelligkeit der Lichtausbreitung	po
fe		Pu
ge	4. ______________ Modernes Untersuchungsgerät	ra
gel		renz
In	5. ______________ Überlagerung von Lichtwellen	ros
jek	6. ______________ Lichtbild (Kurzform ist Dia)	schwin
Ka		se
keit	7. ______________ Teil des Mikroskops	sei
Kon		si
kop	8. ______________ Hauptteil des Periskops	sor
lar		Spie
le	9. ______________ Teil des Diaprojektors	ter
Licht	10. ______________ Teil des Linsenfernrohres	tig
lin		tiv
me	11. ______________ Teil des Auges	tiv
mik		tro

Lösungswort: KALEIDOSKOP

 keine

 keine

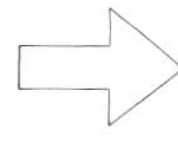 Aktivierung von Wissen, Meinungsbildung, Kreativität, Recherchieren von Wissen, Argumentieren

Spielverlauf:
Die Klasse wird in zwei Gruppen (PRO und CONTRA) aufgeteilt, beide Gruppen sitzen sich gegenüber. Jede der „großen" Gruppen wird noch einmal in drei kleine Gruppen unterteilt. Die drei Kleingruppen der PRO-Seite haben nun die Aufgabe, zu einem bestimmten Themengebiet befürwortende Argumente zu finden. Die drei Kleingruppen der CONTRA-Seite haben die Aufgabe, Argumente zu finden, welche dagegenhalten. In einem „Streitgespräch" wird anschließend je ein Argument der PRO-Seite angehört, die CONTRA-Seite erwidert mit einem passenden Argument.

Beispiele:

PRO	CONTRA
Nutzung der radioaktiven Strahlung in der Medizin, Bestrahlung von Krebsgeschwüren	radioaktive Strahlung gefährdet die Gesundheit der Menschen, kann Krebs verursachen
Atomeisbrecher, radioaktive Strahlung zum Betreiben der Reaktoren	Atomwaffen, Selbstzerstörung der Menschheit
Bestrahlung von Lebensmitteln (in der dritten Welt sterben immer noch Menschen an Hungersnot)	zu hohe Dosis ist schädlich für den Menschen
Nutzung in Kernkraftwerken, fossile Brennstoffe gibt es nicht ewig	Reaktorunfälle – Bedrohung für das Leben vieler Menschen

 keine

 keine

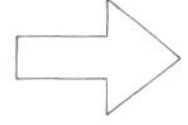 Recherchieren von Wissensinhalten, Argumentieren, Aktivierung von Wissen, Motivierung

Spielverlauf:
Die Klasse wird in Kleingruppen von bis zu vier Schülern aufgeteilt. In den Kleingruppen diskutieren die Schüler eine „Was wäre, wenn …" – Frage, sie notieren stichpunktartig ihre wichtigsten Argumente. Denkbar wäre das Erstellen einer Mind Map.
Anschließend stellt jede Gruppe ihre Lösungen vor, gemeinsam werden Alternativen gefunden, wie zum Beispiel: Wenn es noch keine Elektrizität gäbe, gäbe es auch noch kein elektrisches Licht – man müsste abends oder nachts im Dunkeln sitzen. Eine Alternative dazu wäre, Kerzenlicht zu nutzen.

Beispiel:
- Was wäre, wenn es noch keinen elektrischen Strom gäbe?
- Was wäre, wenn der Transformator noch nicht erfunden worden wäre?
- Was wäre, wenn das Rad noch nicht erfunden worden wäre?
- Was wäre, wenn man die radioaktive Strahlung nie entdeckt hätte?

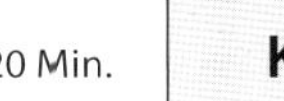

Tonpapier, gelb oder gold, Tonpapier weiß, Fotoecken (zweiseitig selbstklebend)

Aus dem farbigen Tonpapier fünfzackige Sterne im A4- oder A3-Format ausschneiden, weißes Tonpapier in Postkartengröße zerschneiden

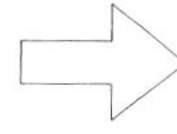

Recherchieren von Wissensinhalten, Wiederholen physikalischer Gesetzmäßigkeiten und Formeln, Argumentieren

Spielverlauf:
Als vorbereitende Hausaufgabe wiederholen die Schüler bereits gelernte Formeln oder recherchieren unbekannte physikalische Formeln und deren Bedeutung, um begründen zu können, warum gerade diese Formel (das Gesetz) an der „Wall of fame" einen Platz finden soll. Die Formel sollte auf ein Postkarten-großes Blatt geschrieben oder gedruckt mitgebracht werden. Sind nach der „Vorstellung" einer Formel alle Schüler mit der „Nominierung" einverstanden, wird die Formel auf einen Stern geklebt und aufgehängt.

Beispiele:

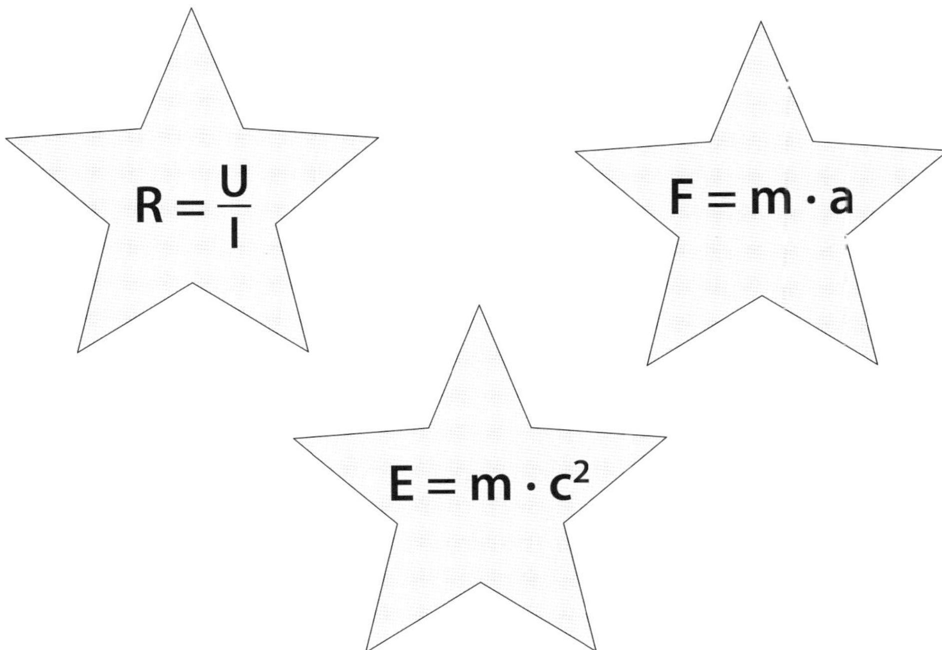

5.4 Rekordverdächtig

   10 Min. **Kl. 5 – 8**

 Plakate mit Zahlengeraden (blanko), Postkarten mit „Rekorden“, beidseitig klebende Fotoecken

 keine

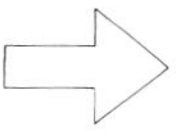 Recherchieren von Wissen, Argumentieren

Spielverlauf:
Die Klasse wird in so viele Gruppen aufgeteilt, wie Themengebiete bearbeitet werden (mindestens vier, höchstens sechs). Als vorbereitende Hausaufgabe sollte jedes Gruppenmitglied entsprechend seinem Themengebiet mindestens fünf Größenangaben recherchieren und aufschreiben. Gemeinsam wird in der Gruppe diskutiert und entschieden, welche Angaben an der „Rekordleiste“ angebracht werden (fünf bis zehn Angaben).

Beispiele:
Temperaturen, Geschwindigkeiten, Kräfte, Leistungen, Höhen, elektrische Stromstärken, elektrische Spannungen, Frequenzen

Kräfte in Natur und Technik

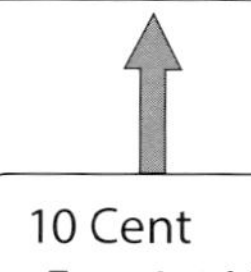

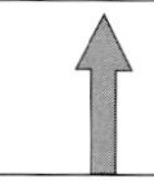

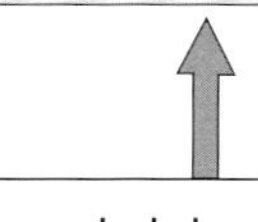

Quartett-Karten, Briefumschläge oder kleine Klickboxen zum Aufbewahren

Quartett-Karten gestalten, laminieren und zerschneiden

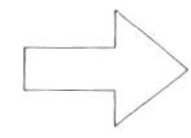

Wiederholung, Sicherung und Aktivierung von Wissen, Erkennen von Zusammenhängen

Spielverlauf:
Die Quartett-Karten werden gut gemischt und vollständig an alle mitspielenden Schüler verteilt. Sinnvoll sind 40 Karten bei vier mitspielenden Schülern.
Das Spiel beginnt, indem der erste Schüler von einem Mitspieler seiner Wahl eine bestimmte Karte erfragt. (Zum Beispiel: „Christoph, hast du E3?") Hat der angesprochenen Mitspieler die Karte, muss er sie dem Fragenden abgeben und dieser darf weiterhin von unterschiedlichen Mitspielern Karten erfragen.
Hat ein Befragter die erwünschte Karte nicht in seinem Besitz, ist er an der Reihe. Besitzt ein Spieler ein vollständiges Quartett, so legt er dieses offen sichtbar für alle Mitspielenden ab. Gewonnen hat, wer am Ende die meisten Quartette ablegen konnte.

Beispiele:
Die Quartett-Karten sind wie folgt aufgebaut: Ausgangsenergie > Energiewandler > Bild des Energiewandlers > umgewandelte Energie

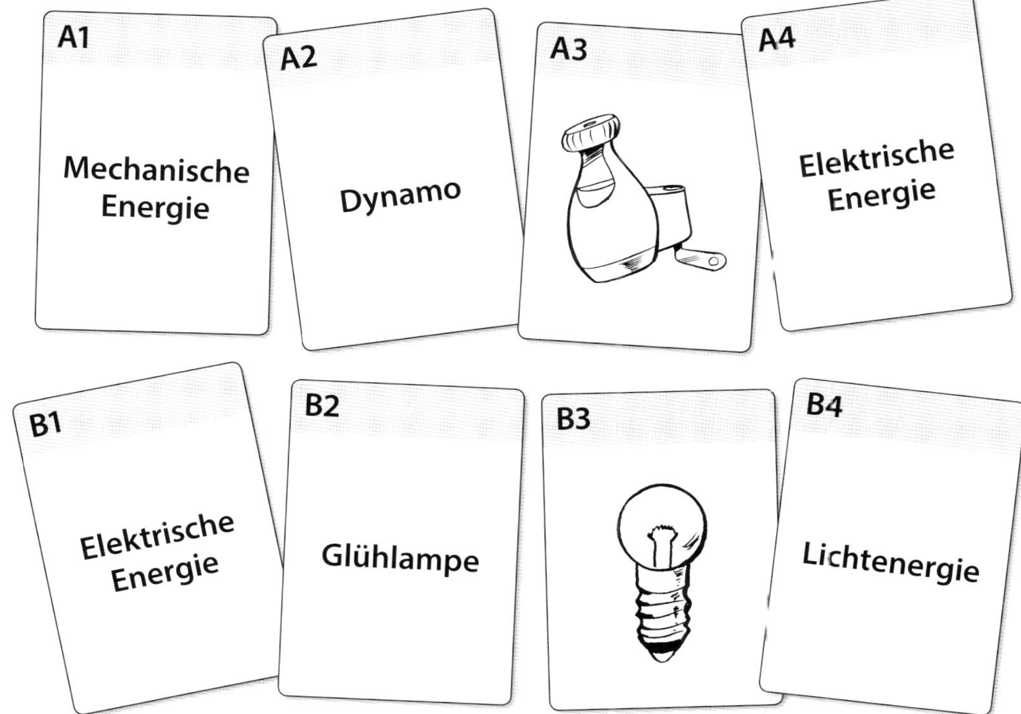

Karten, Briefumschläge

Spielkarten im halben Postkartenformat herstellen, mit Abbildungen von Messgeräten und Namen der zu messenden Größe

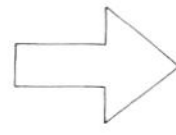

Wiederholung und Sicherung von Wissen

Spielverlauf:
Bevor das Spiel beginnt, werden die Karten gut gemischt. Jeder Spieler erhält fünf Karten (ggf. nur mit Abbildungen bzw. nur mit Bezeichnungen).
Die restlichen Karten werden verdeckt auf einen Stapel gelegt.
Der erste Spieler zieht eine Karte. Ergibt sich ein Pärchen, so kann er dieses ablegen. Ergibt sich kein Pärchen, so wird die Karte vor dem Stapel aufgedeckt abgelegt. Der nächste Spieler verfährt genauso.
Ist der Stapel aufgebraucht, bevor ein Spieler alle Karten loswerden konnte, so müssen die abgelegten Karten neu gemischt werden. Gewonnen hat der Spieler, welcher zuerst seine fünf Karten ablegen konnte.

Beispiele:
Geschwindigkeit / Tachometer, Luftdruck / Barometer, Kraft / Federkraftmesser, Beleuchtungsstärke / Luxmeter, Strahlungsstärke / Radiometer, Bodenfeuchtigkeit / Tensiometer, Flüssigkeitsdichte / Aräometer, Druck / Drucksonde, Masse / Waage, Schrittzähler / Pedometer, Länge / Maßband, Luftfeuchtigkeit / Hygrometer, elektrische Spannung / Voltmeter, elektrische Stromstärke / Amperemeter, radioaktive (ionisierende) Strahlung / Dosimeter oder Geigerzähler, Temperatur / Thermometer, Wärmemenge / Kalorimeter, Winkel / Winkelmesser, Zeit / Uhr

Barometer

Hygrometer

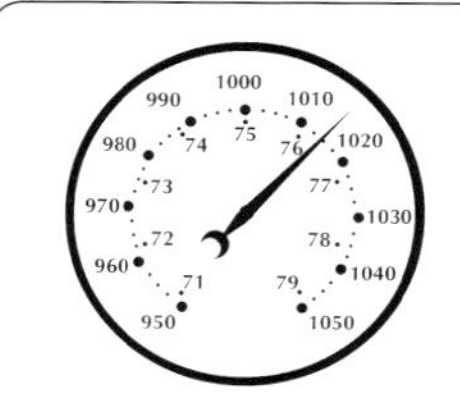

Maßband

Waage

6.3 Schwarzer Peter

   15 Min. **Kl. 5–8**

 Spielkarten, Briefumschlag oder kleine Klickbox zum Aufbewahren

 Kartenspiel in einer der Realität entsprechenden Spielkartengröße (z. B. halbe Postkarte) herstellen, ggf. laminieren oder dickes Papier verwenden

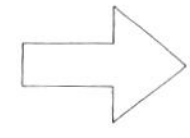 Wiederholen und Sichern von Wissen, Zuordnung von Schaltsymbolen und deren Bedeutung

Spielverlauf:
Die Karten werden gut gemischt und vollständig an alle Mitspieler verteilt. Hat ein Mitspieler schon ein Kartenpaar in seiner Hand, so darf er es sofort vor sich auf dem Tisch ablegen.
Nun beginnt das Kartenziehen. Im Uhrzeigersinn darf der erste Spieler von seinem Sitznachbarn eine Karte ziehen. Ergibt sich mit der gezogenen Karte ein Paar, so wird dieses abgelegt. Ergibt sich kein Paar, so wird die Karte aufgenommen. Jetzt ist der Schüler an der Reihe, von dem gezogen wurde, usw.

Beispiele:

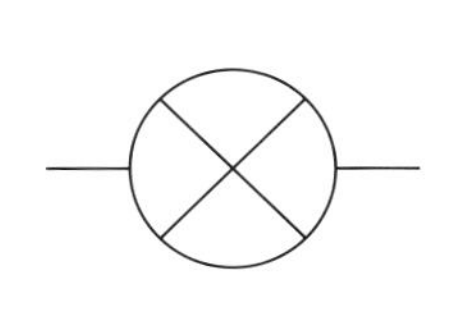

Gleichstrom-quelle

Elektromotor

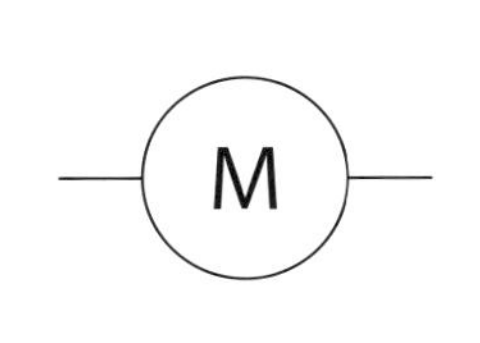

6.4 Fotorätsel

10 Min.

Kl. 6 – 8

Spielkarten, Liste mit Lösungen, Briefumschlag

Spielkarten mit „Bildausschnitten“ vorbereiten, Liste mit vollständigem Bild und Bezeichnung des zu benennenden Bildausschnittes herstellen

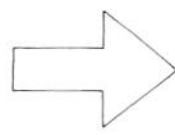

Aktivierung von Wissen, Erkennungsübung

Spielverlauf:
Die Karten werden gut gemischt und auf einem Stapel verdeckt abgelegt. Der Spielleiter hat die Kontroll-Liste. Nacheinander zieht jeder weitere Mitspieler eine Karte und benennt seine Abbildung. Ist die Zuordnung richtig, darf er die Karte behalten. Bei falscher Zuordnung haben die anderen Mitspieler die Chance, die richtige Zuordnung zu nennen. Gewonnen hat, wer die meisten Karten sammeln konnte.

Beispiele:

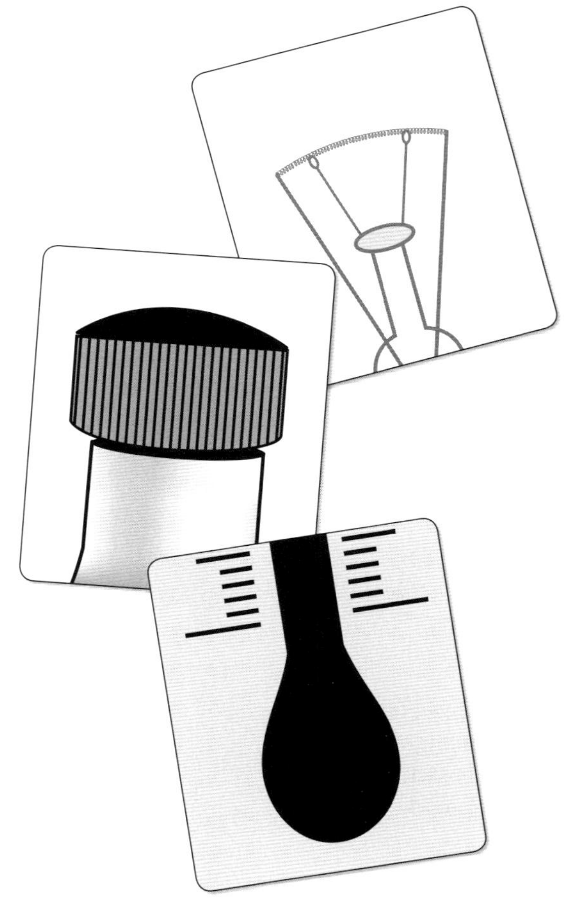

4 – 6 verschiedene Lottofelder, Bildmaterial für dazugehörige Lottokarten, Klarsichtfolien zum Aufbewahren

Lottofelder herstellen, ausdrucken und laminieren, Bildmaterial ausdrucken und ausschneiden, laminieren

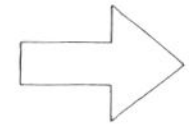

Wiederholung, Aktivierung und Sicherung von Wissen

Spielverlauf:
Das Lottofeld enthält Hinweise zu den Abbildungen, welche beim Spiel aufgelegt werden. Das Abbildungsfeld enthält die passenden Abbildungen, es wird in seine einzelnen Teile zerschnitten.
Die Abbildungskarten werden gut gemischt und verdeckt auf dem Tisch (durcheinander) ausgebreitet. Jeder Mitspieler hat ein Lottofeld. Der erste Mitspieler zieht eine Karte und prüft, ob sie zu seinen Hinweisen passt. Gehört die Karte auf sein Lottofeld, darf er ein weiteres Mal ziehen. Passt die Karte nicht, wird sie verdeckt unter die anderen gemischt und der nächste Mitspieler ist an der Reihe.

Beispiel:

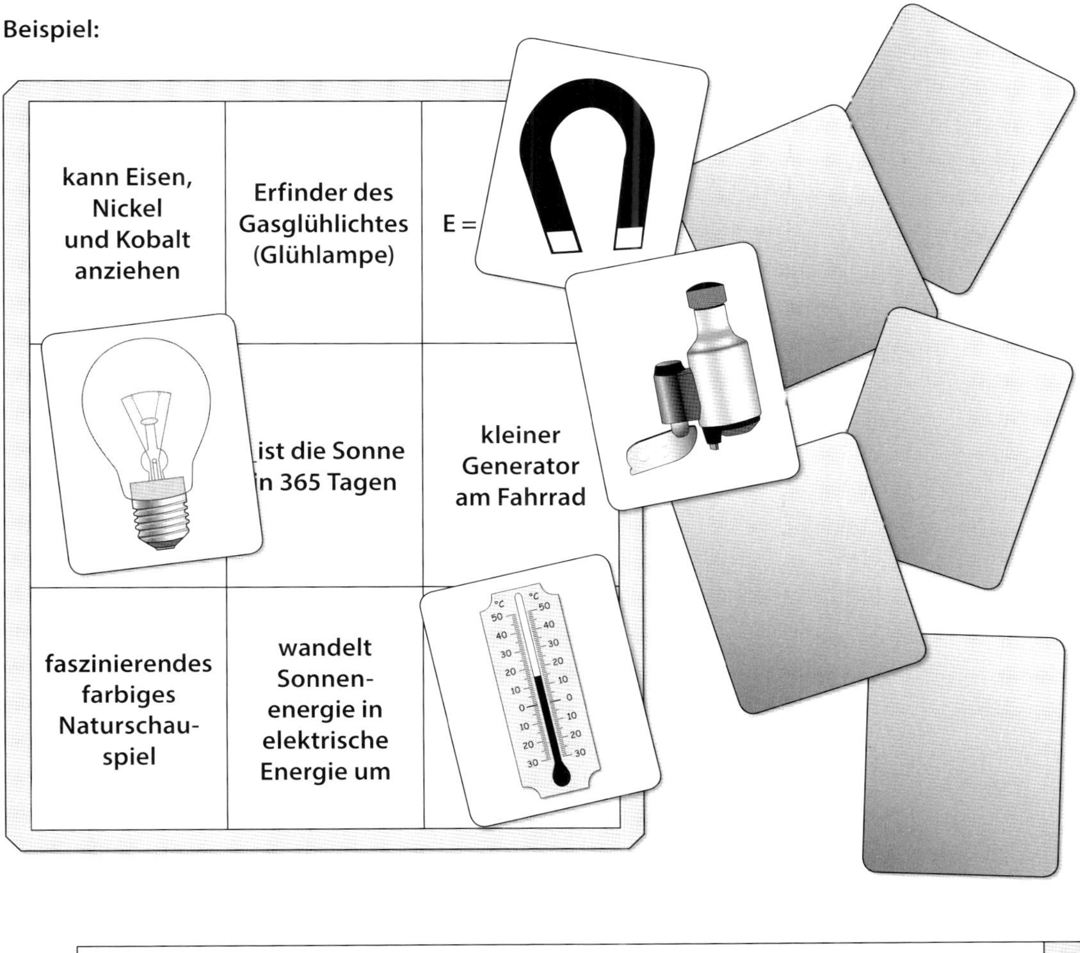

kann Eisen, Nickel und Kobalt anziehen	**Erfinder des Gasglühlichtes (Glühlampe)**	**E =**
	ist die Sonne in 365 Tagen	**kleiner Generator am Fahrrad**
faszinierendes farbiges Naturschauspiel	**wandelt Sonnenenergie in elektrische Energie um**	

 Stoppuhr

 keine

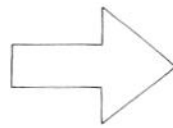 Wiederholen und Sichern von Wissensinhalten, Kreativität

Spielverlauf:
Tische und Stühle sollten in U- oder L-Form aufgestellt sein, sodass sich immer zwei Schüler gegenübersitzen können. Die Klasse wird in zwei gleich große Gruppen aufgeteilt. Die erste Gruppe bildet den „äußeren Bereich". Die Schüler der zweiten Gruppe setzen sich jeweils einem Schüler des äußeren Bereichs gegenüber.
Auf Kommando haben die Schüler jeweils eine oder zwei Minuten Zeit, sich – bzw. ihr physikalisches Wissen – kennen zu lernen und mitzuteilen. Nach der am Anfang vereinbarten Zeit gibt der Lehrer ein Zeichen zum Wechseln. Dabei wechselt nur der innere Bereich, indem jeder Schüler auf den Platz links von ihm rückt. (Der „End-"Schüler des Innenbereichs sitzt nun dem „ersten" Schüler des Außenbereichs gegenüber.)

Variante 1:
Vom Lehrer wird ein Oberthema vorgegeben. Es wird zu diesem Thema fünf bis sieben Mal gewechselt.

Variante 2:
Eine Unterrichtsreihe wird in Unterthemen aufgeteilt. Nach jeweils drei Wechseln wird sich zu einem anderen Unterthema ausgetauscht.

 keine

 keine

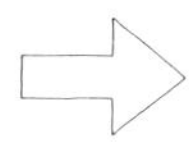 Entdecken physikalischer Phänomene, Aktivierung von Wissen

Spielverlauf:
Was vertauscht der Spiegel?
Zwei Schüler stellen sich jeweils paarweise gegenüber. Ein Schüler ist das „Original“, der andere das Spiegelbild.

Das „Original“ macht verschiedene Figuren vor, zum Beispiel hebt es seinen rechten Arm, oder tippt sich mit dem linken Zeigefinger auf die Nasenspitze. Der andere Schüler reagiert entsprechend spiegelverkehrt (er hebt also z. B: seinen linken Arm …).

Nach zwei Minuten sollten die Rollen getauscht werden, sodass jeder einmal „Spiegel“ ist.

stärkere Lichtquelle, Schattenwand, schattenerzeugende Gegenstände, Karten mit Schattenbildern zum Nachmachen

Karten mit Schattenbildern zum Nachmachen (entsprechend der Geschichte) ausdrucken

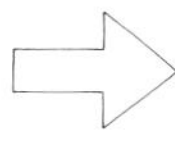

Entdecken physikalischer Phänomene, Motivierung und Aktivierung von Wissen, Einführung in das Themengebiet „Licht und Schatten“

Variante 1:
Die Karten mit den Schattenbildern zum Nachmachen werden entsprechend ihrer Anzahl jeweils an einen Schüler verteilt. Die Schüler stellen sich neben der Lichtquelle und Schattenwand auf.
Vom Lehrer wird eine Geschichte erzählt (z. B. „Auf Safari“ oder „Zu Besuch im Zoo“). Immer, wenn ein Tier genannt wird, das auf einer Karte steht, hat der Schüler die Aufgabe, das Schattentier zu zeigen. Der Lehrer lässt hierfür etwas Zeit.

Variante 2:
Von unterschiedlichsten Gegenständen werden Schatten erzeugt. Die Schüler erraten, welcher Gegenstand das sein könnte. Es ist darauf zu achten, dass die Gegenstände vor der Schatten-Erzeugung nicht von den Schülern gesehen werden können. Es wird spannender, wenn von ganz kleinen Gegenständen große Schatten erzeugt werden und umgekehrt.

Beispiele:

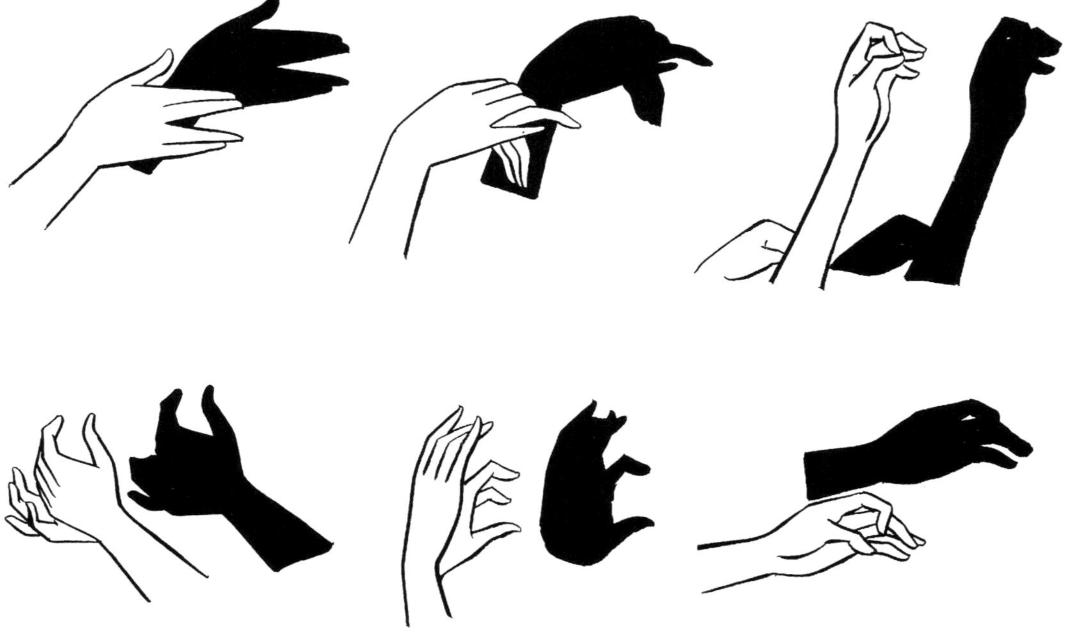

 Aufgaben, Farbkarten oder Farbbänder in vier verschiedenen Farben, Sicherheitsnadeln oder Wäscheklammern

 12 bis 15 Aufgaben vorbereiten

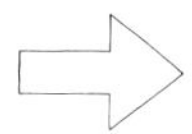 Aktivierung von Wissen, Wiederholen und Sichern von Wissensinhalten

Spielverlauf:
Die Klasse wird in vier gleich große Gruppen aufgeteilt. Je zwei Schüler einer Gruppe stellen sich in einer Raum-Ecke auf, sie bekommen das Farbband bzw. die Farbkarte angeheftet. Vom Lehrer werden Fragen bzw. Aufgaben gestellt. Das Paar, das als erstes richtig antwortet, kann bis zur nächsten Ecke gehen. Ist ein Paar wieder an seiner Ausgangsposition angekommen, darf es sich hinsetzen und die Gruppe stellt ein neues Paar. Sieger ist diejenige Gruppe, welche zuerst drei Runden geschafft hat.

Beispiele:
Es können themenbezogene Quiz-Aufgaben gestellt werden, ggf. auch Aufgaben quer durch die Physik.

Beispiele themenbezogener Aufgaben aus der Wärmelehre:

1. Wie heißt die Wärmeübertragung in festen Körpern?
2. Wie verhalten sich fast alle festen Körper bei Erwärmung?
3. Wie heißt der Vorgang, bei dem ein Körper vom festen in den flüssigen Aggregatzustand übergeht?
4. Nenne ein Teil einer Wärmekraftmaschine (Motor).
5. Nenne ein anderes Wort für Wärmeentzug.
6. Wie heißt die Temperatur beim Übergang vom festen in den flüssigen Zustand?
7. Nenne eine Form der Wärmedämmung.
8. Wie heißt das Messgerät der Temperaturmessung?
9. Nenne eine Aggregatzustands-Änderung, bei der Wärme entzogen wird.
10. Nenne die Bezeichnung am Thermometer für 0 °C.
11. Wie nennt man das Zurückwerfen von Wärmestrahlung?
12. Wie nennt man das Verschlucken oder Aufsaugen von Wärmestrahlung?

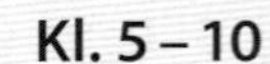

Karten, Schnur, Wäscheklammern oder große Büroklammern

Karten mit Einheitenvorsatz und den entsprechenden Zehnerpotenzen vorbereiten, ausdrucken, laminieren und ausschneiden

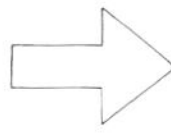
Wiederholung und Sicherung von Grundlagenwissen zu den Einheitenvorsätzen

Spielverlauf:
Die Karten werden gut gemischt. Vor jedem Schüler wird verdeckt eine Karte abgelegt.
Auf Kommando drehen alle gleichzeitig ihre Karte um. Nun gilt es, sich paarweise (so schnell wie möglich und ohne viel zu reden) zusammenzufinden. Hat sich ein Paar gefunden, klammert es seine Karten an die Schnur. Sinnvoll ist dabei, die Größenordnung einzuhalten. Sind alle Karten aufgehängt, wird die Richtigkeit überprüft.

Hinweise:
Bei der Gestaltung der Karten sollte zusätzlich zum Namen der Einheitenvorsätze das entsprechende Symbol notiert werden – auch Groß- und Kleinschreibung ist hier von Bedeutung. Zudem empfiehlt es sich, auch das Zahlwort unter die Zehnerpotenz zu schreiben – nicht allen Schülern ist dieser Zusammenhang immer geläufig.

Beispiele:
bekannte Einheitenvorsätze: Tera, Giga, Mega, Kilo, Hekto, Deka, dezi, centi, milli, mikro, nano, piko
eher unbekannt für Schüler: Yotta, Zeta, Exa, Peta, femto, atto, zepto, yokto

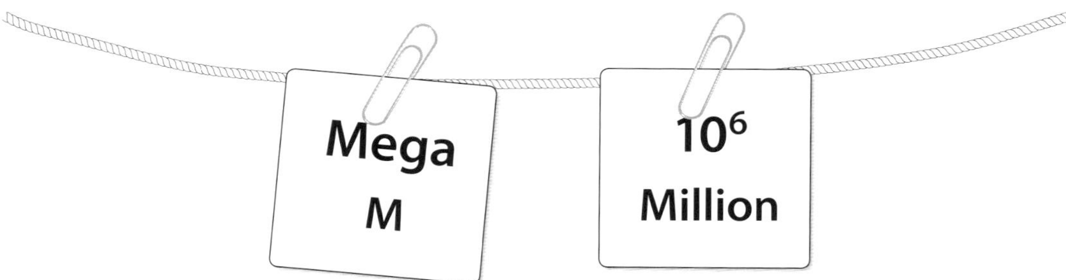

Quiz-Karten, Briefumschläge oder Klarsichtfolien für die Quizkarten, Lösungsblatt

10 bis 12 Quiz-Karten gestalten, ausdrucken und in Briefumschläge verpacken, Lösungsfeld vorbereiten

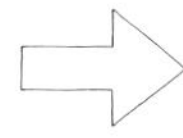

Wiederholen und Sichern von Wissen, Teamfähigkeit

Spielverlauf:
Die Klasse wird in vier Gruppen aufgeteilt. Vier Tische dienen als „Anlaufstelle“ und zur Lösungskontrolle. Je ein Gruppenmitglied sitzt an der „Anlaufstelle“ der gegnerischen Gruppe, d. h. ein Schüler aus Gruppe 1 kontrolliert bei Gruppe 2, ein Mitglied von Gruppe 2 kontrolliert bei Gruppe 3 usw.
Der Lehrer hat an seinen vier Tischecken die vier Umschläge mit den Quiz-Aufgaben für jede Gruppe bereitliegen.
Gleichzeitig geht jeweils ein Gruppenmitglied zum Lehrer, zieht eine Quiz-Karte aus dem Umschlag und gibt diese seiner Gruppe. Gemeinsam wird die Antwort überlegt. Danach zeigt der Schüler die Quiz-Karte am zugeordneten Kontrolltisch und nennt die Gruppen-Antwort.
Ist die Antwort falsch, geht er zurück zur Gruppe, es muss neu überlegt werden.
Ist die Aufgabe richtig gelöst, holt der nächste Schüler vom Lehrer eine weitere Quiz-Karte.
Gewonnen hat die Gruppe, die zuerst alle Quiz-Aufgaben richtig gelöst hat.

Beispiele:
Es können themenbezogene Quiz-Aufgaben gestellt werden oder auch Aufgaben quer durch die Physik.

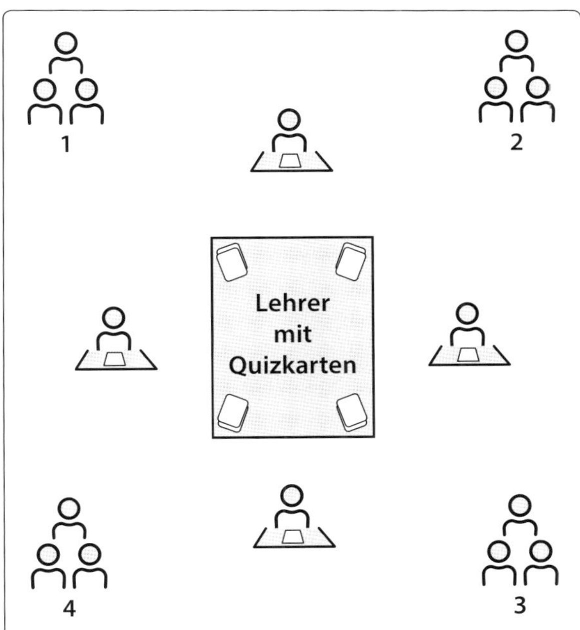

Seite 20:

Albert Einstein, 1921, Fotografie von Ferdinand Schmutzer;
Wikimedia Commons, CC BY-SA 3.0,
https://upload.wikimedia.org/wikipedia/commons/f/f5/Einstein_1921_portrait2.jpg

Thomas Edison 1889 mit seinem verbesserten Phonographen,
Wikimedia Commons; CC BY-SA 3.0,
https://commons.wikimedia.org/wiki/File:Edison.jpg